新中国税收 70 年

《新中国税收 70 年》编写组　编

中国税务出版社

图书在版编目（CIP）数据

新中国税收70年 /《新中国税收70年》编写组编 .
— 北京：中国税务出版社，2020.4（2021.7 重印）
ISBN 978-7-5678-0893-5

Ⅰ. ①新… Ⅱ. ①新… Ⅲ. ①税收管理 — 研究 — 中国

Ⅳ. ① F812.423

中国版本图书馆 CIP 数据核字（2019）第 211219 号

书　　名：新中国税收 70 年
作　　者：《新中国税收 70 年》编写组　编
责任编辑：刘菲　范竹青　赵泽蕙
责任校对：姚浩晴
技术设计：刘冬珂
出版发行：中国税务出版社
北京市丰台区广安路 9 号国投财富广场 1 号楼 11 层
邮政编码：100055
http: // www. taxation.cn
E-mail: swcb@taxation.cn
发行中心电话：（010）83362083/85/86
传真：（010）83362047/48/49
经　　销：各地新华书店
印　　刷：北京联兴盛业印刷股份有限公司
规　　格：787 毫米 ×1092 毫米 1/16
印　　张：18
字　　数：210000 字
版　　次：2020 年 4 月第 1 版　2021 年 7 月第 9 次印刷
书　　号：ISBN 978-7-5678-0893-5
定　　价：75.00 元

导　言

壮丽税收路　赓续创辉煌

习近平总书记在庆祝中华人民共和国成立70周年大会上的重要讲话指出："70年来，全国各族人民同心同德、艰苦奋斗，取得了令世界刮目相看的伟大成就。"伴随着中华民族从站起来、富起来到强起来的伟大飞跃，税收事业也走过了波澜壮阔的光辉历程。

在薪火传承、赓续奋斗中丰富完善发展思路

70年来，税务部门始终围绕经济社会发展大局，全面贯彻党的路线方针政策和党中央、国务院对税收工作的各项部署要求，在实践中不断总结、丰富和完善税收工作的发展思路，推动税收事业不断取得新进步。

新中国成立不久，中央人民政府政务院即发布《关于统一全国税政的决定》，附发《全国税政实施要则》《工商业税暂行条例》《货物税暂行条例》和《全国各级税务机关暂行组织规程》，初步建立了统一的工商税收制度，并建立起从中央到地方的各级税务机构，新中国税收工作平稳起步。经过1958年和1973年两次税制改革，并经此后10多年的发展，工商税成为我国当时的主体税

种。在此期间，各级税务机关切实发挥税收职能作用，积极加强税收征管，保障税收收入，支持国家建设，在社会主义革命和建设中作出了重要贡献。

1978年，我们党召开了具有重大历史意义的十一届三中全会，开启了我国改革开放伟大历史征程。与改革开放进程相适应，税收事业也迎来了全面发展。这一时期税收工作指导思想逐渐明确，特别是1985年召开的全国税务工作会议提出了建立“三个体系、一支队伍”的目标，即建立起一套科学的社会主义税收理论体系，一套符合中国国情的、有利于经济体制改革的税制体系，一套科学的、严密的税收征管体系，一支革命化、年轻化、知识化、专业化的税务干部队伍。

党的十四大明确了建立社会主义市场经济体制的目标，特别是党的十四届三中全会通过了《中共中央关于建立社会主义市场经济体制若干问题的决定》，对税收工作提出了新的更高的要求。1996年召开的全国税务工作会议提出了“带好队、收好税”的工作思路。“带好队”就是建设一支政治坚定、执法严明、廉洁奉公、文明高效的税务干部队伍，是完成收入任务的根本保证；“收好税”就是坚持依法治税，充分发挥税收的职能作用，确保完成收入任务，是税务系统的中心任务。

党的十五大强调依法治国，建立比较完善的社会主义市场经济体制。1998年以后，随着税收收入的持续稳定增长，以及依法治税、队伍建设和税收管理信息化建设的大力推进，税务部门在实践中逐渐形成并提出了“一个观点、三篇文章”的税收工作思路。“一个观点”就是税收经济观，强调经济是税收的基础，同时税收反作用于经济。“三篇文章”就是要融会贯通地做好依法治税、从严治队、科技加管理三方面工作，其中，依法治税是灵魂，从严治队是保证，科技加管理是依托。“三篇文章”紧密关联，相互作用，共同形成了一个有机的整体。

党的十六大之后，党中央紧密结合新世纪新阶段国际国内形势的发展变化，提出以人为本实现科学发展、构建社会主义和谐社会、加强党的执政能力建设和先进性建设等重大战略思想和战略任务。根据新形势新任务的要求，国家税务总局提出，推进依法治税，深化税收改革，强化科学管理，加强队伍建设，是税务部门必须长期抓好的四方面重点工作。其中，在“强化科学管理”方面明确提出，按照科学发展观的要求，税收征管必须实施科学化、精细化管理，这是全面提高税收征管水平的重要举措，必须常抓不懈。

党的十七大决定在全党开展深入学习实践科学发展观活动，国家税务总局在学习实践活动中明确提出，推动科学发展、促进社会和谐是时代赋予税务部门的重要使命，税务部门服从服务党和国家工作大局，就要紧紧围绕服务科学发展、共建和谐税收的主题，努力做好各项税收工作。这一主题集中反映了税收在服务经济社会发展、促进和谐社会建设中的职能作用，体现了税收取之于民、用之于民、造福于民的本质，凸显了税务部门“为国聚财、为民收税”的价值取向。围绕这一主题，必须努力做到法治公平、规范高效、文明和谐、勤政廉政，为促进经济社会又好又快发展作出积极贡献。

党的十八大以来，以习近平同志为核心的党中央统筹推进“五位一体”总体布局、协调推进“四个全面”战略布局，中国特色社会主义进入新时代。在习近平新时代中国特色社会主义思想的科学指引下，国家税务总局按照到2020年全面建成小康社会的目标，提出税务部门到2020年基本实现税收现代化，并确定了建立“完备规范的税法体系、成熟定型的税制体系、优质便捷的服务体系、科学严密的征管体系、稳固强大的信息体系、高效清廉的组织体系”六大体系的主体框架。党的十九大描绘了在全面建成小康社会的基础上，再分两步走于本世纪中叶建成富强民主文明和谐美丽的社会主义现代化强国的宏伟蓝图。按照党中央、国务院的部署要求，国家税务总局提出税务部门不仅要持续推进税收现代化，而且要高质量推进新时代税收现代化建设，围绕“带好队伍、干好税务”，深化改革、注重集成，扎实推进各项工作。其中，在“带好队伍”方面，构建了纵合横通强党建、绩效管理抓班子、数字人事管干部、人才工程育俊杰、严管善待活基层的机制体系；在“干好税务”方面，形成了依法征税聚财力、改革兴税促发展、便民办税优服务、科技强税提质效、多方助税谋共治的工作格局。

纵合横通强党建，就是认真贯彻习近平总书记关于“把抓好党建作为最大的政绩”等重要指示精神，在2014年开始探索“条主动、块为主，两结合、互为补，抓党建、带队伍”机制的基础上，2018年针对国税地税征管体制改革后实行双重领导管理体制的实际，研究提出了“条主责、块双重，纵合力、横联通，齐心抓、党建兴”的新纵合横通强党建工作机制，国家税务总局党委承担税务系统党的建设、全面从严治党主体责任，同时争取地方党委支持，合力抓好税务系统党建工作。**绩效管理抓班子**，就是认真落实习近平总书记关于完善领导干部考核评价机制等重要指示精神，从2013年起实行绩效管理，将落实党中央、国务院对税收工作的决策部署，全部纳入绩效管理之中，细化为可量化的绩效考评指标，确保党中央、国务院决策部署从国家税务总局直至县局、乡镇税务分局全面落实到位，并制定绩效考评结果运用办法，将绩效成绩与班子的评先评优等相关联，与干部选拔任用相挂钩。**数字人事管干部**，就是认真贯彻落实习近平总书记关于建立日常考核、分类考核、近距离考核的知事识人体系等重要指示精神，探索构建数字人事制度，将现行干部人事管理中按“事”制定的一系列法规制度和办法要求，转化为按“人”及“人”的自然成长轨迹进行归集的考核指标，为每名干部建立数字人事“活档案”，科学量化、可比反映干部当期和累积工作业绩及成长轨迹，为评价干部提供重要的科学依据。**人才工程育俊杰**，就是认真贯彻落实习近平总书记关于“抓好高端人才的培养”等重要指示精神，实施人才培养“115工程”，即到2022年培养1千名左右的领军人才、1万名专业骨干、5万名岗位能手。特别是从2013年开始着力开展领军人才培养，取得明显成效。**严管善待活基层**，就是深入贯彻习近平总书记关于“把抓基层打基础作为长远之举和固本之举”等重要指示精神，提出“抓实党建铸魂、配优班子聚力、带强队伍固本、真情服务暖心”的思路，并出台加强税务系统基层建设的系列措施，持续抓好落实。

依法征税聚财力，就是在组织税费收入工作中，既坚决防止和纠正收“过头税费”，确保量增质优完成收入任务，保证国家财力；又落实优惠政策，减轻市场主体负担，促进依法治税，营造公平竞争的税收环境。**改革兴税促发展**，就是把改革创新贯穿于税收工作的各个方面各个环节，积极稳妥深化税制改革，有力有序深化征管体制改革，创新深化管理机制改革，不断推动税收高质量发展迈上新台阶。**便民办税优服务**，就是始终注重加强纳税服务工作，持续更新服务理念，持续增强办税便利，持续提升纳税人、缴费人获得感、满意度和遵从度。**科技强税提质效**，就是紧紧依靠现代科技手段创新税收管理和服务，不断提高税收工作的质量和效率。**多方助税谋共治**，就是积极推动构建党政领导、税务主责、部门合作、社会协同、公众参与的税收共治格局，凝聚更大的税收工作合力。

纵观70年波澜壮阔的新中国税收发展史，税收工作的发展思路始终围绕党中央、国务院的大政方针，始终紧扣时代发展的强劲脉搏，一脉相承、薪火相传、持续完善，有力地指导着税收事业不断向前迈进。

在围绕中心、服务大局中接续取得显著成就

70年来，特别是改革开放以来，税收筹集财政收入的能力大幅增强，税收收入由1950年的26亿元增加至2018年的13.8万亿元（已扣减出口退税），增长5300多倍。党的十八大以来，税务部门始终坚持“依法征税、应收尽收，坚决不收‘过头税’，坚

决防止和制止越权减免税，坚决落实各项税收优惠政策”的组织收入原则，积极应对各类困难风险挑战，研究建立了以“客观地定、科学地分、合理地调、准确地考”为主要内容的新型税收收入管理体系，连年量增质优完成税收收入预算目标，为经济社会发展奠定了坚实财力基础。2018年国税地税征管体制改革后，伴随社会保险费和非税收入征管职责逐步划转，新税务机构组织财政收入的职能进一步增强。

70年来，为了适应经济发展和改革开放的需要，我国税制不断改革，逐步完善。特别是1994年按照统一税法、公平税负、简化税制、合理分权的要求，实施了新中国成立以后规模最大、范围最广、内容最深刻的一次税制改革，初步形成了以流转税和所得税为支撑的“双主体”税制体系。进入21世纪以来，特别是2003年党的十六届三中全会作出完善社会主义市场经济体制决定以来，按照“简税制、宽税基、低税率、严征管”的原则，分步实施税制改革，建立了更加公平、科学和法治化的税制体系。党的十八大以来，以习近平同志为核心的党中央高度重视税制改革，作出一系列重大部署，税制改革进入快车道并取得重大突破，营改增试点全面推行，增值税制度更加完善，个人所得税改革实现突破性进展，“绿色税制”体系初步建成，税收职能作用更好发挥。

70年来，我国税收法治逐步健全。税收法定原则得到有效落实，目前18个税种中，已制定法律的有企业所得税、个人所得税、环境保护税、烟叶税、船舶吨税、车船税、耕地占用税、车辆购置税、资源税共9个税种。税收执法行为持续规范，切实强化税收执法权和行政管理权监督，全面推行行政执法公示、执法全过程记录、重大执法决定法制审核三项制度，规范税务行政裁量权，按照“制度加科技、管队又治税”的思路加强内控机制建设，有力促进了严格规范公正文明执法。严厉打击涉税违法犯罪行为，有效挽回了国家税款损失，规范了经济秩序，维护了法治环境。

70年来，纳税服务持续得到改进和优化。全国税务系统牢固树立征纳双方法律地位平等的理念，按照“始于纳税人需求、基于纳税人满意、终于纳税人遵从”的要求，努力构建服务型税务机关。党的十八大以来，税务部门落实“放管服”改革要求，连续六年开展“便民办税春风行动”，制定覆盖省市县三级税务机关的纳税服务规范并持续升级，做到“办税一个标准、工作一个流程、服务一把尺子”。从纳税咨询、宣传辅导到办税服务，再到减轻纳税人办税负担、保护纳税人合法权益、建设纳税信用体系等，纳税服务内容不断丰富和拓展；从办税服务厅到税务网站、12366纳税服务热线、手机短信提示，再到12366纳税服务平台、电子税务局、微信办税等，纳税服务方式更加快捷和方便，纳税人满意度不断提高，在世界银行营商环境评价中我国纳税指标排名不断提升。

70年来，税收征管质量和效率显著提升。根据形势发展需要，税务部门在总结以往税收征管模式、税源专业化管理经验成果的基础上，加快推动事前审核向事中事后监管、固定管户向分类分级管户、无差别管理向风险管理、经验管理向大数据管理的“四个转变”。特别是坚持以税收风险管理为导向，对不同风险等级纳税人实行差别化管理，取得了明显成效。为深入推进大企业税收管理改革，国家税务总局建立大企业千户集团管理机制，对户数占全部纳税人数量约3‰、收入占全部税收约45%的大企业集中进行服务和管理。2018年，按照党中央、国务院关于改革国税地税征管体制的部署，圆满完成了省级和省级以下国税地税机构合并，优化了各层级税务组织体系和征管职责，社会保险费和非税收入征管职责按要求逐步平稳划转，初步构建起优化高效统一的税收征管体系。

70年来，税收信息化建设从"一张白纸"茁壮成长为税收现代化的"金色翅膀"。2016年10月，金税三期系统在全国上线、平稳运行，首次实现了基础平台、应用软件、业务标准等方面的统一，之后持续升级，促进了税收执法的规范性和统一性，大幅度提高了税收征管能力和辅助决策水平，有效降低了税收征纳成本，有力支撑了税制改革。按照国家实施"互联网+"行动计划的部署，实施"互联网+税务"行动计划，大力推进税收管理和纳税服务网络化、信息化、智能化。推行增值税发票管理新系统，实现了对发票票面信息的"一网打尽"，取得"打假票、防风险、优服务、辅决策"等多重积极效应。建成自然人税收管理系统(ITS)，首次实现自然人涉税信息全国大集中。税务部门深入挖掘税收数据的"金山银库"，加强分析应用，形成税收分析的"拳头产品"，为党中央、国务院和地方党委政府决策提供服务，较好发挥了税收数据服务国家治理的积极作用。

70年来，我国国际税收工作伴随改革开放进程不断发展，在国际税收领域提供了越来越多的"中国方案"、贡献了越来越多的"中国智慧"、分享了越来越多的"中国经验"。特别是2013年以来，国家税务总局深入学习贯彻习近平总书记关于“加强全球税收合作，打击国际逃避税，帮助发展中国家和低收入国家提高税收征管能力”和推动构建人类命运共同体等重要指示精神，深度参与二十国集团（G20）国际税制改革，积极参与双边多边国际税收合作，大踏步走近国际税收舞台中央。全力服务“一带一路”建设，2019年4月在浙江乌镇召开第一届“一带一路”税收征管合作论坛，“一带一路”税收征管合作机制正式建立。加大对发展中国家的税收技术援助和支持，帮助发展中国家提高税收征管能力。积极对外派驻税务人员，服务“走出去”企业，协助开展双边税务交流等工作。

70年来，税务干部队伍不断发展壮大，干部队伍素质不断增强。按照党中央、国务院的部署和要求，紧密结合实际，构建“带好队伍”的工作机制体系，努力打造让党中央、国务院和人民群众放心的税务铁军。“纵合横通强党建”的做法得到各方面肯定，并在中央和国家机关工作委员会召开的会议上介绍了经验。税务系统稳步推进绩效管理得到国内专家学者及有关部门乃至国际组织的认可，2018年世界银行首次发布全球公共部门绩效报告，把中国税务绩效管理的做法作为15个经典案例之一进行推介。在全国公务员工作暨学习贯彻公务员法座谈会上，国家税务总局交流了数字人事的做法和经验。大力实施素质提升“115工程”，特别是已分6批选拔了765名税务领军人才培养对象。70年来，正是依靠这支敢打硬仗、能打胜仗的税务铁军，税收事业才能不断实现新发展、迈上大台阶。

在艰辛探索、砥砺前行中积累宝贵经验

70年的发展历程，税务部门积累了必须坚持巩固并不断发展完善的做好税收工作的有益经验。

必须加强党对税收工作的全面领导。过去70年，坚持党对税收工作的全面领导为税收工作取得显著成就提供了坚强政治保证。特别是党的十八大以来，税收工作取得积极进展、实现重大进步，最根本的在于以习近平同志为核心的党中央的坚强领导，在于习近平新时代中国特色社会主义思想的科学指引。在2018年国税地税征管体制改革中，各级税务部门党组改设党委，并及时设立基层党组织，税务系统党的领导更加坚强有力，税务系统党的建设工作机制更加健全完善，确保了党的全面领导始终贯穿税收改革发展的各方面和全过程。各级税务局党委充分发挥重要领导作用，税务基层党组织充分发挥战斗堡垒作用，广大共产党员充分发挥先锋模范作用，群团组织充分发挥桥梁纽带作用，为做好各项税收工作提供了坚强保证。实践证明，只有不断加强党对税收工作的全面领导，才能保证税收改革发展和各项税收工作始终沿着正确方向前行并不断取得新成绩、迈上新台阶。

必须服从服务于党和国家工作大局。70年来，税收事业始终与我国改革开放的发展进程和关键节点相契合，有力促进了改革发展稳定大局。20世纪80年代国营企业"利改税"，有力支持了国营企业改革和城市经济体制改革。1994年税制改革，着力构建符合社会主义市场经济体制要求的税制体系。特别是党的十八大

以来，税收改革发展有力支持了现代化经济体系建设和供给侧结构性改革，较好地服务了“一带一路”建设、京津冀协同发展、长江经济带发展等国家战略，在推动经济增长、促进公平正义、改善民生等方面发挥了重要作用，税收在国家治理中的基础性、支柱性、保障性作用日益增强。实践证明，税收工作只有不断提升政治站位，自觉服从服务于党和国家工作大局，才能跟上改革开放的步伐，才能行稳致远，才能在统筹推进“五位一体”总体布局和协调推进“四个全面”战略布局中更好地发挥职能作用。

必须坚持以人民为中心。70年来，税务部门始终坚持为国聚财、为民收税，取之于民、用之于民、造福于民，税收收入规模不断扩大，国家财力显著增强，为经济社会发展和改善民生提供了强大财力保障。不断改进纳税服务，落实以人民为中心的发展思想。从1997年国务院办公厅转发国家税务总局关于深化税收征管改革的方案，将“优化服务”作为基础性工作写入新的征管模式之中，到2001年全国人大常委会修订并重新颁布税收征管法，第一次将纳税服务确定为税务机关的法定职责，再到2008年国家税务总局专门成立纳税服务司，充分彰显了税务部门一以贯之的为民情怀。特别是党的十八大以来，进一步改进纳税服务，集成式、体系化、持续性推出新的服务举措，同时注重运用信息化、智能化的新服务方式，大幅压缩办税时间、提高办税便利程度、增强办税体验，显著优化了税收营商环境。实践证明，税收工作只有坚持以人民为中心，不断努力满足人民日益增长的美好生活需要，才能使纳税人、缴费人和社会各界的满意度与获得感不断增强，才能使税收工作赢得大力支持和广泛认可。

必须坚持改革创新。税收因改革开放而兴旺，也随改革开放而发展。税务部门以改革创新的精神，不断激发推动税收事业发展的内生动力。特别是党的十八大以来，始终坚持新发展理念，创新税收工作思路，更加注重求新、全面、平衡、充分、法治、开放，牢牢把握新时代新要求，积极适应新形势新变化，及时调整、完善、更新税收现代化的阶段目标、任务内容。持续深化税收改革，坚持税收制度改革、征管体制改革、“放管服”改革、干部人事制度改革等方面统筹推进，税法体系更加完备规范、税制体系更加成熟定型、征管体系更加科学严密、服务体系更加优质便捷、信息体系更加稳固强大、组织体系更加高效清廉。注重集成推进改革，既坚定地把每一项具体改革推进好，更注重把制度、机制、人才和技术等核心要素进一步整合，特别是抓住关键性、牵引性的工作，集中攻坚、点上突破、联动集成，推动税收工作实现跨越式发展。实践证明，只有坚持改革创新，税收事业才能有不断前行的动力，税务队伍才能有向上向善的活力，才能持续推动税收现代化一往无前。

必须坚持科学的工作方法。税收改革发展的70年，也是一代代税务人在实践中不断探索有效工作机制的70年。税务部门坚持运用辩证思维和方法推改革、抓工作，进一步形成了系列行之有效的科学工作方法。既不折不扣坚决贯彻，又创造性落实好党中央、国务院决策部署，建立完善任务分解、督查督办、重点推进、效应分析、持续改进的抓落实工作闭环。既稳字当头，又锐意进取，不仅不断巩固“稳”的基础，把各项税收工作的基础抓牢夯实，而且坚持稳中求进，积极拓展“进”的成效，不断推进税收事业取得新成绩。既加强顶层设计，又鼓励基层创新，国家税务总局“一盘棋”谋划，基层税务部门结合实际创造性落实。既立足国内，又放眼国际，坚持开放的胸襟、国际的视野，既传播好中国税务“好声音”，又积极借鉴世界各国好经验。实践证明，只有坚持正确的方法论，税收工作才能久久为功，积厚成势，赢得先机，实现发展。

必须严管善待带好队伍。在70年风雨兼程中砥砺和锻造出的税务干部队伍，为税收事业蓬勃发展提供了有力保证。特别是党的十八大以来，税务部门积极探索、形成并不断完善了“带好队伍”的工作机制体系，厚植了想干事有机会、能干事有舞台、干成事有地位、干部队伍少出事不出事的良好氛围，进一步践行了“忠诚担当、崇法守纪、兴税强国”的中国税务精神，显著增强了税务干部的组织归属感、工作责任感、职业荣誉感、价值实现感，确保了打赢营改增试点、国税地税机构合并、落实减税降费等一场场攻坚战。实践证明，只有造就一支过硬的税务铁军，才能确保税收现代化建设不断取得新的进步。

70年来，税收工作走过了极不平凡的历程，取得了显著成就。当今世界正面临百年未有之大变局，税收事业发展面临着前所未有的机遇和挑战。全国税务系统要以习近平新时代中国特色社会主义思想为指导，围绕“带好队伍、干好税务”，高质量推进新时代税收现代化建设，更深层次更高水平发挥好税收在国家治理中的基础性、支柱性、保障性作用，为全面建成小康社会、实现中华民族伟大复兴中国梦作出新的更大贡献。

目 录

血脉之源

——税收收入是如何实现量增质优的？

良法之治

——税收法治是如何推进深化的？

税制之进

——税收制度是如何适应经济社会发展要求改进完善的？

为民之情

——纳税服务是如何不断优化的？

征管之力

——税收征管是如何提质增效的？

腾飞之翼
——税收信息化是如何推进升级的?

开放之途
——中国税务是如何日益走近世界税收舞台中央的?

钢铁之师

——税务铁军是如何锻造淬炼的？

展 望

——奋进新征程 谱写新篇章

血脉之源

——税收收入是如何实现量增质优的？

中华人民共和国成立70年来，从一穷二白到成为世界第二大经济体，从中国制造到中国“智造”，从中国速度到中国质量，中国经济实现巨大腾飞，人民生活水平得到显著提升，这一切都离不开税收提供的可靠财力保障。

70年来，在党中央、国务院的坚强领导下，全国税务系统依法组织税收收入[①]，税收收入规模逐年不断扩大。1950年，税务部门组织税收收入仅26亿元，1978年上升到462亿元。此后，伴随改革开放进程不断深化，我国经济总量迅速增长。1980年，税收收入首次超过500亿元；1983年，税收收入突破1000亿元大关，达到1102亿元；1988年，税收收入突破2000亿元，达到2244亿元。1994年税制改革和国税地税机构分设有力促进了税收收入增长。1995年，税收收入突破5000亿元，达到5028亿元，较改革开放初期增长近十倍。进入21世纪后，税收收入规模连续跨上新台阶。2000年，税收收入突破万亿元，达到10361亿元。2005年、2007年、2008年和2010年税收收入分别突破2万亿元、3万亿

① 如无特别说明，本文中1950—1993年的税收收入口径为税务部门组织的各项税收；自1994年起，税收收入口径为税务部门组织的各项税收扣除出口退税，均不含海关征收的关税、船舶吨税以及代征的进口环节增值税、消费税。

元、4万亿元和5万亿元。党的十八大以来，税收收入规模进一步扩大，从2013年的9.5万亿元增加到2018年的13.8万亿元。

70年间，我国税收与经济发展同频共振，收入规模不断取得历史性突破，收入质量持续迈上新台阶，在参与国家治理、服务社会主义现代化建设中发挥了重要作用。70年间，税收取之于民、用之于民、造福于民，为实现人民对美好生活的向往注入了强劲动力。70年的税收数据，折射出我国经济社会发展的瞩目成就，税收在国家治理中的基础性、支柱性、保障性作用日益凸显，为持续发展经济、不断改善民生、促进社会公平正义以及实现中华民族伟大复兴的中国梦作出了积极贡献。

税收收入规模不断取得历史性突破

中华人民共和国成立70年来，税务部门组织的税收收入规模不断扩大，从1950年的26亿元增加至2018年的137967亿元，年均增长13.4%。在我国经济由高速增长阶段转向高质量发展阶段，随着减税降费力度不断加大，税收增速相应逐步放缓，2013—2018年税收收入年均增长7.6%。在税收收入规模不断扩大的同时，税收与经济增长保持协调，呈现出与经济社会发展水平相适应的特征。

数说税收

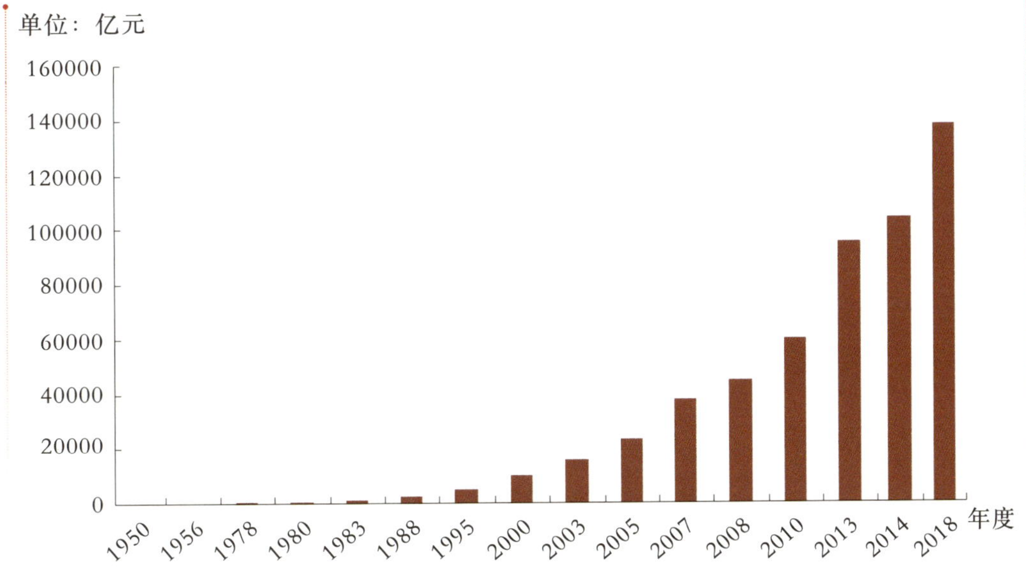

新中国成立后税务部门组织税收收入情况

新中国成立之后到改革开放之前（1950—1977年）。我国实行计划经济体制，建立起一套与当时经济社会发展相适应的比较完整、统一的税收制度，税收收入稳步增长，为社会主义现代化建设打下了坚实基础。

1950—1977年，我国税收收入规模从26亿元扩大到413亿元，27年增长14.9倍，年均增长10.8%。分阶段看，新中国成立初期，税收收入增长较快，1950—1960年年均增速为20.5%；1961—1968年，为适应经济社会变化，克服经济上的困难，国家采取了一些税收调整措施，税收收入规模相对稳定，平均每年组织税收收入154亿元；1969—1977年，税收收入每年均保持一定幅度增长，年均增速为9.5%。

数说税收

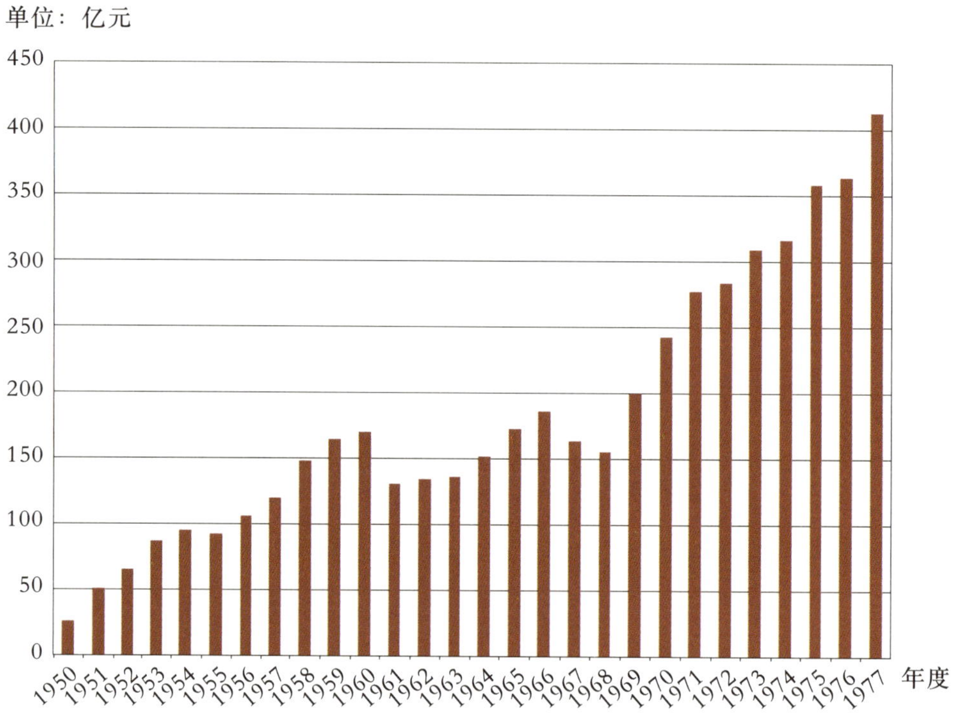

1950—1977 年全国税收收入规模

改革开放之后到党的十八大之前（1978—2012 年）。随着改革开放的深入和经济的发展，我国对税收制度进行了全面改革和完善，先后实行了“利改税”、工商税制全面改革，税收收入随经济发展持续稳定增长，税收的职能作用得到有效发挥。1978 年，全国税收收入规模为 462 亿元，到 1982 年达到 623 亿元。1983 年“利改税”实施第一年，全国税收收入规模突破 1000 亿元大关，达到 1102 亿元，同比增长 76.9%。“利改税”后的十年，税收收入增速明显加快，1983—1993 年，全国税收收入年均增长 14.1%，明显高于1978—1982年7.8%的年均增速。

数说税收

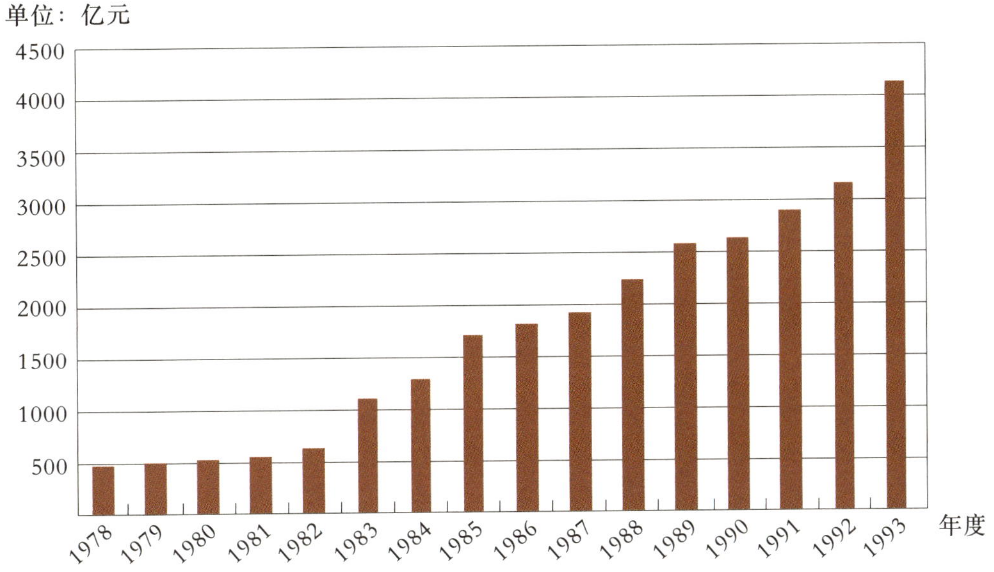

1978—1993年全国税收收入规模

1994年，为适应建立社会主义市场经济体制需要，我国实行税制改革，形成以流转税和所得税为支撑的“双主体”税制体系，税收筹集财政收入的能力持续增强，为经济社会快速发展作出了重要贡献。1994年全国税收收入为4284亿元，之后经历了一轮较快增长，2000年税收收入规模突破万亿元大关，2005年超过2万亿元，2012年达到8.5万亿元。1994—2012年，全国税收收入年均增长18.1%，比1950—1977年的年均增速快7.3个百分点。

数说税收

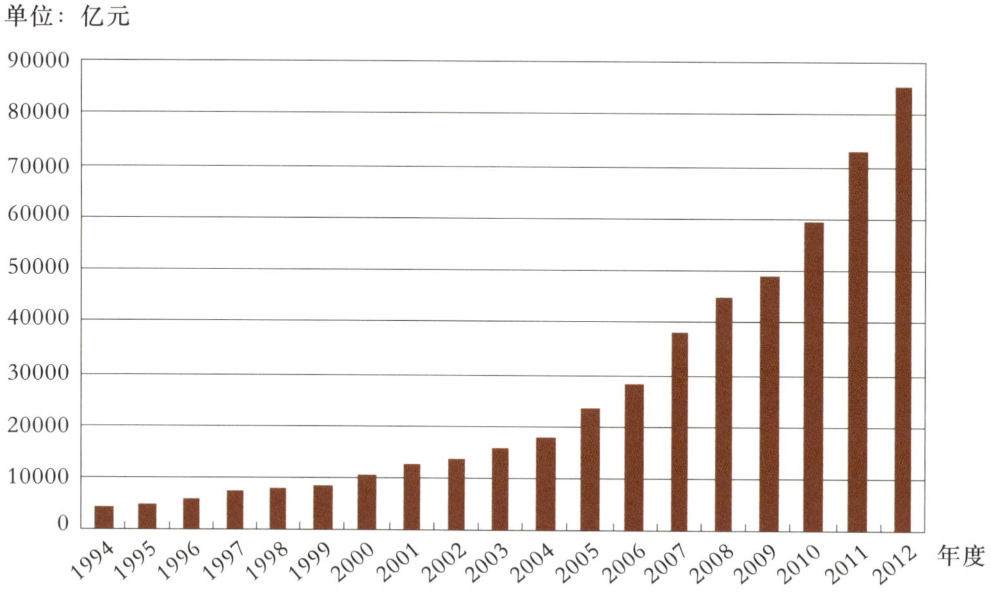

1994—2012 年全国税收收入规模

党的十八大以来（2013—2019 年）。进入新时代，我国经济发展质量不断提升，为税收收入增长打下坚实基础。同时，立足于全面深化改革、推进国家治理体系和治理能力现代化，以结构性减税和完善税制为特征的各项税制改革措施不断推进，较好发挥了税收在国家治理中的基础性、支柱性、保障性作用，为优化资源配置、维护市场统一、促进社会公平、实现国家长治久安提供了强有力的保障。

数说税收

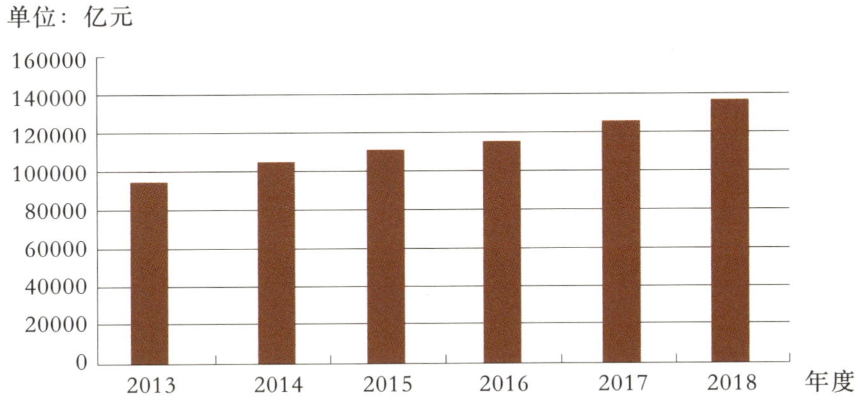

2013—2018 年全国税收收入规模

2013—2018 年，全国税收收入持续稳定增长，规模从 2013 年的 9.5 万亿元扩大到 2018 年的 13.8 万亿元，累计组织税收收入 78 万亿元，年均增长 7.6%。税收收入占财政收入的比重稳定地保持在 73% 左右，为经济社会发展提供了有力的财力保障。同时，2013—2018 年累计办理出口退税超过 7.5 万亿元，年均增长 7.4%，有力支持了外贸发展。

党的十九大以来，我国经济转向高质量发展阶段，社会主要矛盾转化为人民日益增长的美好生活需要和不平衡不充分的发展之间的矛盾。2019 年，实施更大规模减税降费，税收增速相应回落。2019 年前三季度，全国税务部门组织税收收入 112658 亿元，增长 0.3%。其中，自 5 月以来连续 5 个月出现负增长，减税效应不断释放，在减轻企业负担、激发市场主体活力、应对经济下行压力中发挥了重要作用。

延伸阅读

税收都去哪儿了

社会主义税收的本质是“取之于民、用之于民、造福于民”。国家通过税收筹集财政收入，通过财政支出支持经济社会发展和民生改善。社会经济的迅猛发展促进了税收收入的持续增长，壮大了政府财力，为改革、发展、稳定提供了强大的物质基础。以 2018 年为例，全国一般公共预算支出 220906 亿元，同比增长 8.7%，其中“三大攻坚战”等重点领域支出得到较好保障：脱贫攻坚方面，全国扶贫支出增长 46.6%。污染防治方面，全国污染防治支出、自然生态保护支出分别增长 29.6%、17.5%；中央财政支持污染防治及生态环境保护的资金增长 13.9%，其中大气、水、土壤污染防治投入力度均为近年来最大。推动科技创新方面，全国科学技术支出中的应用研究支出、技术研究与开发支出分别增长 11.4%、8.7%。改善社会民生方面，全国财政对基本养老保险基金的补助支出增长 11.4%，对基本医疗保险基金的补助支出增长 9.4%；城乡居民基础养老金最低标准从每月 70 元提高到 88 元；全国棚户区住房改造 620 多万套，农村危房改造 190 万户；资助各类学校家庭困难学生近 1 亿人次。基础建设方面，全国完成交通运输固定资产投资 32235 亿元，新增高速铁路运营里程 4100 公里，新建改建高速公路 6000 多公里、农村公路 30 多万公里。此外，中央对地方转移支付力度持续加大。2018年中央对地方转移支付支出61686亿元，增长8.2%，其中，均衡性转移支付24442亿元，增长9.2%；重点生态功能区转移支付721亿元，增长15%；老少边穷地区转移支付2133亿元，增长15.7%；县级基本财力保障机制奖补资金2463亿元，增长10%，有效提升了基层财政保障能力，确保基层保工资、保运转、保基本民生不出问题。

税收收入质量不断迈上新台阶

习近平总书记指出，推动高质量发展是做好经济工作的根本要求，高质量发展就是体现新发展理念的发展，是经济发展从“有没有”转向“好不好”。一串串税收数字、一张张税收图表、一组组分析比对，折射出质量更高、结构更优、发展更好的经济和税收改革发展之路。

税收收入占财政收入的比重得到提升，成为国家财力的主要来源。我国税收收入占财政收入的比重变化大致可划分为两个阶段，其界限是1983年、1984年实施的两步“利改税”。1983年之前，我国税收收入占财政收入的比重不高。“利改税”后，税收收入占财政收入的比重迅速上升，进入90年代占比有所下降，但随后总体上保持相对稳定，实现了经济发展与财政增收的良性循环，税收在筹集财政收入中的重要性得到体现。

从具体数据来看，1977 年以前，我国税收收入占财政收入的比重平均只有 39%，其他 60% 左右的财政收入来源于国有企业上缴利润等非税收入。1978 年改革开放，税收收入占财政收入的比重为 40.8%，之后逐年提高，1982 年达到 51.4%，这是新中国成立以来税收收入占比首次过半。1983 年、1984 年分别实施两步“利改税”，税收收入占财政收入的比重迅速上升到 80% 左右，特别是 1988—1993 年，除 1990 年占比为 89.9% 以外，其他年份均保持在占比 90% 以上。1994 年税制改革后，随着非税收入快速增长，税收收入占财政收入的比重有所下降。随后，进入相对平稳阶段。党的十八大以来，税收收入占财政收入的比重大体在 73.5% 左右，其中 2018 年税收收入占财政收入的比重为 75.2%。

数说税收

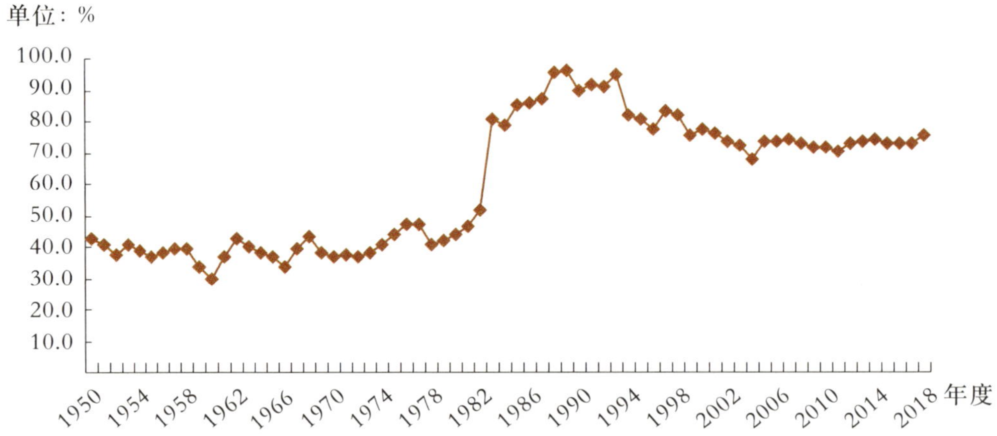

1950—2018 年全国税收收入占财政收入的比重变化

所得税、财产行为税占比逐步提高，税收结构持续优化。1994年税制改革构建了现行税制基础，形成以流转税（后改称货物和劳务税）和所得税为支撑的“双主体”税制体系。货物和劳务税包括增值税、营业税（后随营业税改征增值税逐步取消）、消费税、车辆购置税4个税种。所得税包括企业所得税、个人所得税2个税种。货物和劳务税是我国财政收入的主要来源，也是我国财政收入的可靠基础。1994年税制改革后，货物和劳务税占税收收入总额的比重超过70%。进入21世纪，随着企业效益和居民收入水平快速提高，企业所得税、个人所得税收入比重不断提升，作为直接税主体的所得税占比逐步提高，税收结构持续优化。党的十八大报告提出“构建地方税体系”，随着资源税从价计征改革和环境保护税相继推出，财产行为税收入保持稳步提升，我国税收结构进一步优化。

从具体数据来看，1994年税制改革第一年，全国税收收入中货物和劳务税、所得税占比分别为71.7%和17.8%，货物和劳务税是主体，所得税占比较小。1994—1999年，所得税占比一直在20%以内。2000—2002年，所得税占比加快提升，分别为23.5%、29.2%和27.4%。2004年首次突破30%，达到32.6%，此后每年所得税占比均保持在30%以上，货物和劳务税比重则降低到60%以下，2012年首次低于50%，只有49.1%。党的十八大以来，伴随全面推开营改增试点、降低增值税税率，以增值税为主体的货物和劳务税占全部税收收入的比重逐步降低。2018年，货物和劳务税、所得税、财产行为税（主要包括土地增值税、房产税、城镇土地使用税、契税、资源税、环境保护税等11个税种）占全部税收收入的比重分别为 44.1%、35.8% 和 20.1%。

数说税收

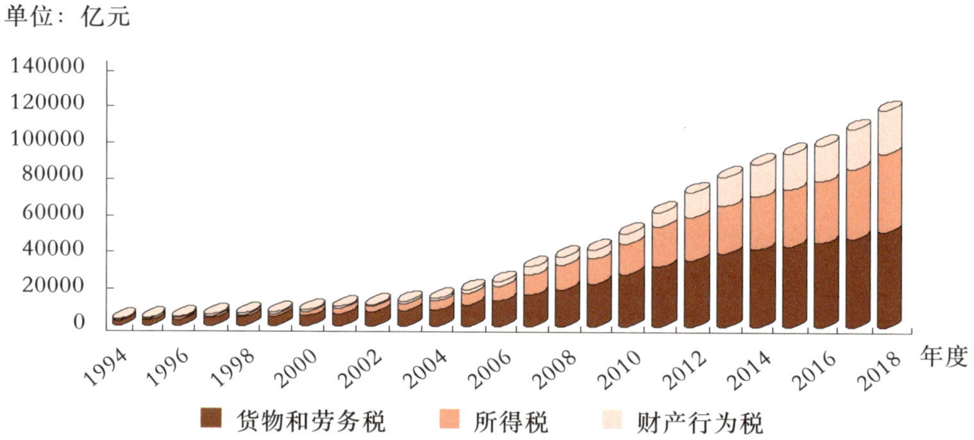

1994—2018 年分税种收入比较情况

中央级、地方级税收收入占比基本稳定，央地财政关系更趋协调。1994 年分税制财政管理体制改革，在理顺中央与地方的分配关系，调动中央和地方两个积极性，加强税收征管，保证税收收入和增强宏观调控能力等方面，发挥了积极作用，保障了中央和地方收入关系总体稳定。党的十八大以来，为适应理顺中央和地方财力与事权关系需要，国家调整了部分税种的中央和地方分配比例，中央级税收占比有所下降，税收为地方政府筹集财力的能力进一步提升，各级次税收收入均衡增长。

从具体数据来看，1994—2018 年的 25 年间，全国税务部门共组织税收收入 119.97 万亿元，其中中央级收入 55.95 万亿元，地方级收入64.02万亿元，分别占税收总收入的46.6%和53.4%。1994年，中央级和地方级税收收入分别占全部税收收入的52.2%和47.8%；2018年，中央级和地方级税收收入占全部税收收入的比重分别为45.2%和54.8%。

数说税收

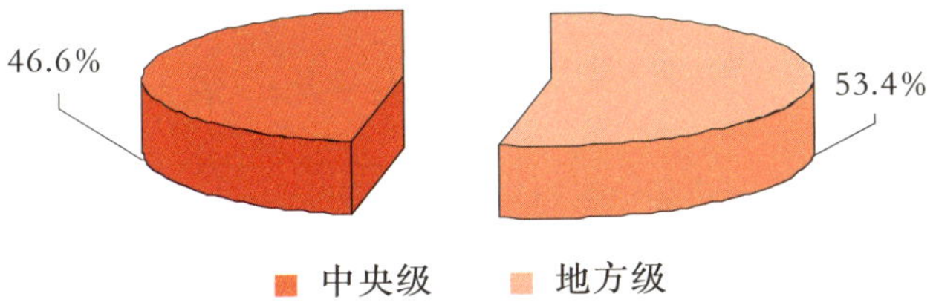

1994—2018年中央级、地方级收入比重

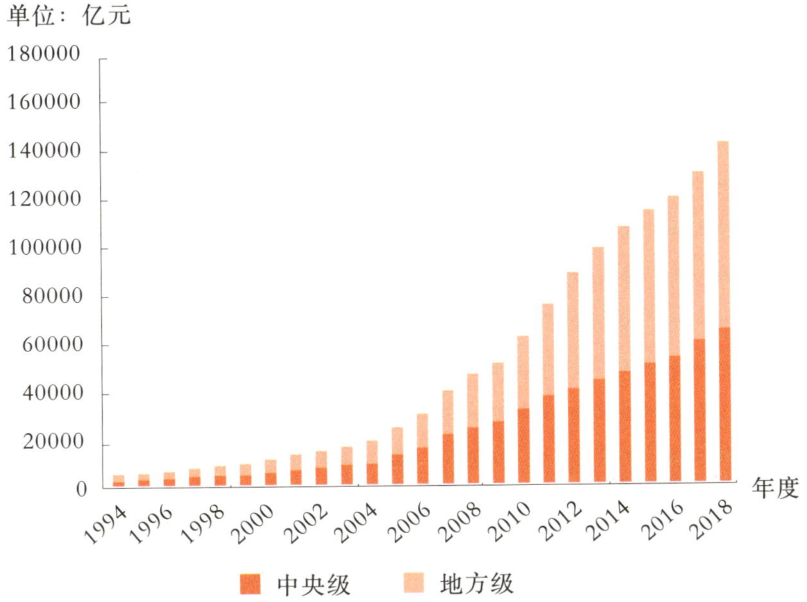

1994—2018年中央级、地方级税收收入情况

第三产业税收收入占比持续提升，经济产业结构不断优化。第三产业的发展可以推动产业结构升级、提高社会生产力整体水平，从而对整个国民经济的发展产生重大促进作用。自 2001 年税务部门分产业结构统计税收收入以来的数据表明，伴随我国经济转型升级持续推进，GDP 中第三产业占比不断提升，带动第三产业税收收入占比不断提升，尤其是党的十八大以来，这一趋势更为明显。

从具体数据来看，2001 年，第二产业、第三产业税收收入占全部税收收入的比重分别为 56.9% 和 43%。2012 年，第二产业、第三产业税收收入占比分别为 49.5% 和 50.4%，第三产业税收收入占比首次高于第二产业税收收入占比。之后第三产业税收收入规模不断扩大、占比不断提升，2017 年达到 56.1%。2018 年，第二产业、第三产业税收收入占比分别为 43.1% 和 56.8%，第三产业税收收入占比较 2012 年提高了 6.4 个百分点。

数说税收

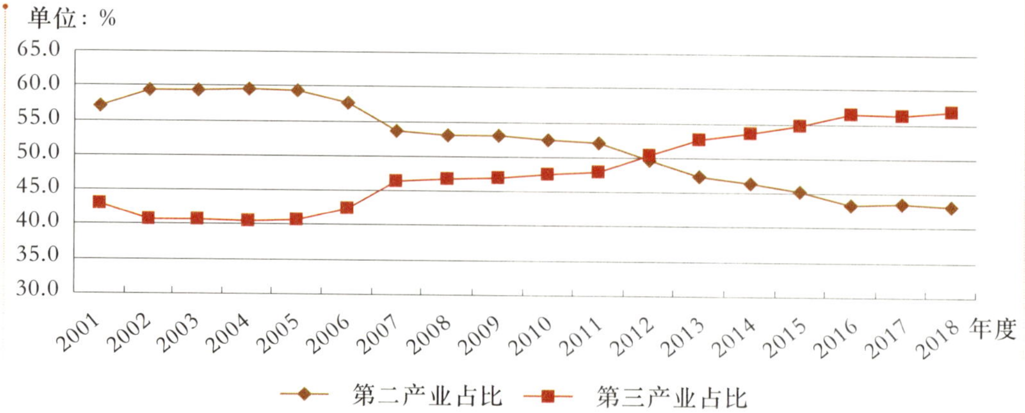

2001—2018 年第二产业、第三产业税收收入占税收总收入的比重变动情况

组织收入原则的确立与完善

“依法征税、应收尽收、坚决不收‘过头税’、坚决防止和制止越权减免税、坚决落实各项税收优惠政策”的组织收入原则的确立，经历了一个发展演变的过程。

早在20世纪90年代初期，税务部门就明确提出，依法征税是税收工作中必须长期坚持的一项基本原则，无论在任何情况下都不能有丝毫的动摇。

1994年税制改革实施前，一些地方越权减免税、自立税收优惠政策和“包税”等问题比较突出，严重损害了税收工作的法治原则。1994年，税务部门结合实施分税制财政管理体制改革和税制改革，明确提出税务机关必须依法征税，税收必须按税法规定依率计征，不得“包税”和任意改变税率，除税法规定的减免税项目外，不得擅自减免，进一步强调和强化了依法征税的组织收入原则。

1998年，我国经济发展遭到亚洲金融危机的严重冲击，组织收入工作受到严峻挑战，一些地方出现了“空转”等现象，同时也存在应收未收等情况。国家税务总局明确提出，依法征税是税务部门的天职，严格执法本身就是促进企业发展的重要手段，企业的困难只能通过正常合法的渠道去解决，决不能在税法上随意变通，并将是否做到应收尽收作为考核组织收入工作的三项重要指标之一。在此后几年中，经过实践总结，逐步形成了“依法征税、应收尽收、坚决不收‘过头税’”的组织收入原则。

2003年，针对当时随意减免税有所抬头的状况，国家税务总局根据税收法治工作的实际情况，又对组织收入原则作了丰富和完善，增加了“坚决防止和制止越权减免税”的内容，形成了“依法征税、应收尽收、坚决不收‘过头税’、坚决防止和制止越权减免税”的组织收入原则，并特别强调，正确处理规范执法与组织收入、规范执法与优化服务、规范执法与支持发展之间的关系，严格、公正、文明执法是对纳税人最根本的服务，也是对经济发展的支持和促进，决不能以支持发展、优化服务为名越权减免税。同时，按照党中央、国务院部署，清理了一些开发区违规制定的税收优惠政策。全国税务系统认真贯彻落实组织收入原则，促进了税收工作的法治化。

“十一五”时期（2006—2010年），税务部门一方面加大组织收入原则的落实力度，反复强调要遵循经济税收发展的客观规律，努力实现税收收入增长与经济增长相协调。按照法定权限和程序行使权力、履行职责，做到依法征税、依法征管，既不能人为调节收入进度违规批准缓税，也不能寅吃卯粮收“过头税”，严禁转引税款。特别是在2008年受到国际金融危机冲击、组织收入工作最困难的时候，突出强调越是收入形势严峻越要旗帜鲜明地贯彻落实组织收入原则。另一方面，为认真落实党中央、国务院出台的应对国际金融危机冲击、支持经济社会发展而实施的结构性减税政策，对组织收入原则作了进一步完善，增加了“坚决落实各项税收优惠政策”的内容，实现了组织收入原则的又一次与时俱进。国家税务总局强调，牢固树立不落实税收优惠政策也是收

“过头税”的观念，做到应退尽退、应抵尽抵。2010 年 7 月，在总结实践经验的基础上，把组织收入原则表述为“依法征税、应收尽收、坚决不收‘过头税’、坚决防止和制止越权减免税、坚决落实各项税收优惠政策”。

党的十八大以来，国家税务总局结合每年不同的经济和税收形势，对组织收入原则进行有益补充和具体细化，既确保了各项税制改革和税收优惠政策平稳落地，又有效保证了依法规范组织税费收入。

2013 年，面对经济下行压力加大，部分企业经营遇到一定困难，税收敏感度进一步增强，严格依法征税有时也会被误认为收“过头税”的情况，国家税务总局要求各级税务机关科学研判、沉着应对，依法依规地通过堵塞漏洞增收、科技管理增收、打击违法增收，既做到了依法征税，又没有给经济运行带来紧张气氛。

2014 年，针对营改增继续扩围以及落实好小微企业减税政策等情况，国家税务总局反复强调收“过头税”害人害己害长远，必须做到“好时不放人情水、难时不收‘过头税’”。各级税务机关既统筹施策又精准发力，既不收“过头税”又打击偷骗税，既不为经济运行增加紧张气氛又想方设法堵漏增收，圆满完成了预算确定的税收收入任务。

2015 年，国家税务总局贯彻新预算法，建立与相关经济指标相衔接的考核体系，严格要求各级税务机关按照法律法规及时足额组织税收收入，及时开展了税收收入情况调研检查和执法监察，制止和纠正了落实税收优惠政策不到位和收“过头税”“空转”等违法违规行为，使税收收入增长与经济增长更加协调，与税源实际更加切合。

2016年，在经济下行压力较大、减税规模较大的情况下，国家税务总局再次强调，坚持依法征税、应收尽收，推进供给侧结构性改革，主动依规减免税，执行中不打折扣，是各级税务机关和广大税务干部的职责；完成预算确定的税收收入任务的压力再大，也不能收“过头税”，这是税收征管工作的一条“红色底线”。

2017年，各级税务机关以四个“一分一厘”严格规范组织收入工作，即：依法该收的税一分一厘都不能放弃，不该收的“过头税”一分一厘都不能去收，该减的税一分一厘都不能少减，该查的偷骗税一分一厘都不能放过，把“收、防、减、查”集成起来，努力做到量增质更优地完成税收收入任务。

2018年，国家税务总局强调，预算确定的税收目标就是任务，必须尽心尽力去完成，决不能含糊、决不能马虎。同时，完成好预算确定的减税目标，把各项减税降费措施落到实处，也是同等重要的任务，必须想方设法做到位，决不能粗粗拉拉，决不能打半点折扣。各级税务机关坚持依法征税和科学统筹，圆满完成了税收收入任务和减税目标，既切实保障了国家财力，又有力促进了经济社会发展。

2019年，随着经济下行压力持续加大和党中央、国务院部署实施更大规模减税降费政策，税费收入形势较往年更加严峻。国家税务总局强调，越是这样，越要在落实好减税降费政策的同时，依法规范组织税费收入，并提出“务必把该减的税减到位，务必把该降的费降到位，务必把该征的税费依法规范征收好，坚决打击虚开骗税，坚决不收‘过头税费’，坚决做好留抵退税工作”的“三个务必、三个坚决”工作要求。同时，国家税务总局印发通知，进一步强调组织收入纪律，明确要求各级税务机关不得违规向企业预征税款，不得在年度内随意变更征收方式，不得在法定申报期前征收税款，不得采取大规模集中清欠、行业性大面积检查等与减税降费大势不符的做法，并将个别地区违反组织收入原则的问题在全系统进行通报，按规定予以问责追责。

构建并完善新型税收收入管理体系

党的十八大以来，为进一步促进税收收入管理由传统的数量管理向质量管理转变，国家税务总局研究建立了以“客观地定、科学地分、合理地调、准确地考”为主要内容的新型税收收入管理体系，进一步提高了收入管理的科学性。

深化目标管理。客观确定收入目标，由算大账向算细账转变，细致算清经济税源账、税收政策账、增收措施账、减少流失账，确保底数清晰、目标精准。科学分解收入目标，形成纵向横向联动齐抓、责任共担的组织收入格局。合理调整收入目标，准确把握和分析收入进度与预期之间的差异，在保证收入质量的前提下，强化组织收入过程管理。准确考核收入目标，充分调动各方面积极性，全力以赴抓收入、促增长。

强化分析监控。强化对组织收入全过程的分析监控，密切掌握收入目标的完成情况，有效把握组织收入工作进度。及时发现实际征管中税收流失或虚收风险，积极采取有力措施对症下药，切实提高税收收入质量。深入分析国家出台的宏观经济政策及税收政策对税收收入的影响，及时制定工作预案，确保税收收入平稳增长。大力加强行业税源分析监控，科学选取重点行业和重点税源企业，构建完善行业税源分析监控平台及指标体系，准确把握行业税源变动趋势，提高组织收入工作主动性。

加强统筹协调。各级税务机关成立了由主要负责人担任组长的组织收入工作领导小组，加大对组织收入工作的研究推进力度，深入剖析收入增减变动情况，积极查找存在的问题和挖掘征管潜力，制定完善挖潜增收、堵漏增收措施，确保收入目标高质量实现。研究完善实现税收收入持续稳定增长的工作机制，密切跟踪各地和各业务部门收入完成情况，加强统筹协调，并对组织收入工作开展情况进行绩效考评。

新型税收收入管理体系的有效运行，实现了组织收入工作的“三个增强”：一是增强了全局统筹性。推动由直线式下达收入任务向各地方共担任务的转变，形成了组织收入工作合力。二是增强了征管精准性。推动由被动式依靠税源增收向主动式依靠征管努力增收的转变，提高了征管贡献率。三是增强了考核严肃性。推动由单一结果考核向综合考核的转变，实现了对税收收入完成情况、征管努力程度等全面、客观的考核评价。

税收经济分析的开展与深化

经济是税收的基础，税收是经济的反映。开展税收经济分析工作，既有助于从税收反映经济社会情况，为党中央、国务院和地方党委政府决策提供参考；也有助于准确掌握一个地区乃至全国税收征管的深度和力度，查找税收征管中存在的薄弱环节；还有助于分析税收政策或制度及其调整对经济运行和税收收入增减的效应，从而进一步予以完善和改进；更有助于立足当前经济发展状况，对未来税收收入形势作出较为科学的预测，从而更好地开展组织收入工作，把握组织税收收入的主动权。

早在 2003 年，国家税务总局就指出税收分析是税收管理的“眼睛”，对及时准确发现问题、有的放矢解决问题、切实加强税收征管起着重要的导向作用。2005 年，国家税务总局进一步指出，新时期税收事业发展的大局，决定了税收分析工作重点必须由收入进度分析、一般性的增减原因分析转向较深层次的税收与经济关系分析。2006 年，国家税务总局在深入分析经济税收发展形势的基础上提出，要通过税收分析，进一步揭示税收与经济的关系，客观反映税收征管状况和各项征管措施的成效，测算分析各项政策调整对税收收入的影响，从而为加强征管、税制改革和宏观调控服好务。2008 年，国家税务总局进一步提出，税收分析是准确判断税收经济形势、正确指导组织收入工作、客观把握税收经济政策效应、切实提高税收征管质量与效率的重要手段。随着对税收分析工作认识的不断丰富和深化，税务部门的税收分析方法也越来越科学和系统。先是逐步探索出了税收弹性分析、税负分析、税源分析、税收关联分析四种可以较为全面、完整地反映税收和税源关系的税收分析方法。之后，为适应经济税收发展形势，税务部门进一步拓展税收分析领域，探索了经济税源分析、政策效应分析、税收管理风险分析和预测预警分析，有力促进了税收征管质量和效率提高，推动了税收收入稳定快速增长。

党的十八大以来，税务部门进一步深化对税收和经济关系的理解，逐步认识到税收涉及社会生产、销售、流通、分配各个环节，与经济社会发展联系非常紧密，税收数据也因此具有覆盖经济活动领域最全、反映经济活动动态最新、展现经济活动内容最实、记载经济活动结果最准等天然优势，用于开展有关分析，可以全面及时准确地反映经济运行情况。同时，为落实党中央、国务院关于减税降费、税制改革、“放管服”改革、征管体制改革等一系列决策部署，大量企业纳税人和自然人纳税人、缴费人的涉税（费）数据逐步向国家税务总局集中，逐渐形成了具有税务特色的税费大数据。在此基础上，国家税务总局探索运用税费大数据开展税收分析工作，形成独具税务特色、有血有肉有骨头的税收分析系列“拳头产品”，在辅助领导决策、传播税务声音、打造税务话语体系等方面取得了显著成效。

抓组织保障。2014年，国家税务总局印发《进一步完善税收分析工作机制的意见》，明确了各部门、各层级的分析职责，构建了横向分工协作、纵向紧密联动的分析制度和各种闭环工作流程。2016年，国家税务总局成立由总局领导任组长的跨司局的税收分析小组，建立协调工作机制，提前确定选题，定期组织讨论，统筹包括各省在内的各方面分析资源，初步形成了上下联动、横向互动的税收分析格局。各地税务机关也参照国家税务总局做法，结合当地工作实际建立健全了税收经济分析工作机制，京津冀、陕川渝、中部六省等地区还开展跨区域联合税收分析，建立了相应的数据共享机制和联合分析机制。2018 年 8 月，在前期工作机制的基础上，以国税地税征管体制改革为契机，省级、市级税务局新组建成立税收经济分析部门，税收经济分析力量进一步加强。

抓统计核算。按照“全维度、广覆盖”的思路，实施税收统计与分析指标体系改革，拓展基础指标，细化行业分类，建立健全分析指标，税收报表数据从 2013 年的 1.7 万项增加到 2018 年的 10 万余项。从 2010 年起，为全面掌握减免税政策执行情况，建立了基本覆盖减免税项目、涉及数千万纳税人的全国减免税定期统计调查制度。在此基础上，2016 年底建立减免税精细核算体系，实现减免税核算数据“从无到有”，初步解决了减免税底数说不清、道不明等问题。完善重点税源监测制度，优化指标体系，不断增强监测的针对性，有效发挥了 10 万户重点税源数据对服务组织收入和经济社会发展大局的作用。建立全国税收调查工作机制，改进数据抽样方法，数据采集质量和效率不断提升，调查户数稳定在 70 万户左右，税收比重约占 70%。完善税收会计基础制度，制定出台了《税收票证管理办法》《税款缴库退库工作规程》等系列制度文件，为规范税收会计核算工作提供了制度保障。2019 年，为准确反映减税降费政策成效，国家税务总局针对每一项减税降费政策分别确定统计核算方法，从地区、税（费）种、行业、注册类型等多个维度，实现全国统一口径且分户到企业的减税降费核算分析，重新构建自下而上、清清爽爽的减税降费统计核算体系。

抓数据支撑。2016 年 10 月，金税三期系统在全国税务系统全面上线并平稳运行，税务部门初步实现了数据全国大集中，为开展税收分析工作提供了强大的数据支撑。之后，税务部门依托现代信息技术，不断推进税收数据真正“大”起来、“全”起来、“准”起来。进一步优化数据采集方式，持续推进金税三期会统核算业务信息化建设，实现金税三期系统生成所有报表，信息系统对业务的支撑全面加强；实现重点税源、税收调查与金税三期系统对接，重点税源调查数据采集的质量和效率持续提升；实现增值税发票数据在国家税务总局集中统一清洗，形成了包括税收收入、减免税、增值税发票等在内的数据格局；整理集成重点税源历史数据，开发建立重点税源分析平台，实现重点税源企业一户式监测，打通重点税源数据应用的“最后一公里”；梳理 1000 余户年纳税额 3 亿元以上的大型企业集团名册，并于 2018 年将统计门槛进一步降低到年纳税额 1 亿元，大型企业集团增加到 2000 余户；建立人民银行国库数据获取通道，为组织收入提供有力支撑。同时，规范对外提供数据的范围、程序、方式，解决了税收数据“数出多门”、口径不一等问题，确保对外税收数据的准确性和权威性。

抓“拳头产品”。按照“人无我有，人有我优”的工作思路，国家税务总局持续打造税收分析“拳头产品”，以进一步发挥税收分析价值，更好服务党中央、国务院和地方党委政府决策。例如，运用税收收入数据和减免税数据看经济发展、看产业转型、看新旧动能转换、看消费升级、看民生改善，形成了若干具有税务特色的分析框架。又如，运用增值税发票数据这一税务部门独有数据，深入挖掘票面数据价值，实现了从原材料、能源、设备购进到产品销售，从产业链上游到产业链下游，从企业到行业到区域再到全国范围的全链条式分析，并应用近10年的增值税专用发票数据和其他征管数据编制了可提前几个月预示工业销售额走势的全国工业税收经济先行指数。再如，依托10万户重点税源企业数据、2000余户年纳税额1亿元以上的大型企业集团数据、70万户税收调查数据，实现了对京津冀、长三角、粤港澳、“三区三洲”等重点区域，装备制造业、高技术产业、高耗能行业等重点行业，“走出去”企业等重点企业生产经营情况的定期跟踪分析。同时，在运用税收征管数据反映市场主体活力、运用契税数据反映房地产市场走势、运用水资源税和环境保护税数据反映污染防治情况等方面也进行了积极探索，形成了若干固定的分析选题。

抓价值提升。以建立税收话语体系为努力方向，国家税务总局着力提升税收分析成果的价值，每年上报分析报告百余篇，许多获得党中央、国务院领导重要批示，较好发挥了参谋辅政作用；部分分析报告经国务院领导同志批转至相关部委，提供了来自税收视角的意见建议。工业和信息化部、商务部、国家统计局等部门还主动与国家税务总局就开展分析、共享数据等进行合作。各地税务机关在国家税务总局指导下，通过税收看经济、看社会、看发展，为地方党委、政府决策建言献策，得到地方党委、政府高度肯定，很多省份一些重要会议如省委常委会、政府常务会等均要求税务部门参加。其中，仅2018年8—12月，各省税务局税收经济分析部门共撰写税收分析报告260篇，获得省领导肯定性批示的有80篇，获省级党委、政府主要领导批示的有43篇；2019年前三季度，各省税务局税收经济分析部门共有153篇税收分析报告获得地方党政领导肯定性批示，充分发挥了以税咨政的职能作用。

延伸阅读

税收大数据的独特价值

种类齐全。现阶段，税收大数据主要包括纳税申报数据、税收收入数据、增值税发票数据、个人所得税专项附加扣除相关数据、税收调查数据、纳税信用数据，既有宏观数据，又有微观数据。

视角丰富。例如，增值税发票数据可以反映企业销售和购进情况；企业所得税数据可以反映企业利润情况；出口退税数据可以反映行业、地区外贸出口情况；水资源税、环境保护税数据可以反映企业用水、排污情况；契税、车辆购置税等数据可以反映全国各地的房地产消费、机动车消费情况。将上述数据按行业、地区汇总，又可得到反映行业、地区情况的宏观数据。增值税发票的票面信息中，不仅包含发票面额和纳税额，还包含开票上下游企业，因此，票面信息可反映企业、行业、地区的销售、购进、投资情况，以及企业之间、行业之间、地区之间的贸易情况。

代表性强。以年纳税500万元以上的重点税源企业数据为例，全国共有10万户企业，基本覆盖我国所有行业门类的大中型企业，其生产经营情况能够较好地代表我国企业发展和产业结构发展情况。以年纳税1亿元以上的大型企业集团数据为例，全国共有2000余户，基本覆盖我国各大行业中的龙头企业。

实效性强。频度齐全，包括年、季、月、旬、日等不同频度数据，可即时反映税收经济运行情况。

良法之治

——税收法治是如何推进深化的？

税收法治是中国特色社会主义法治体系的重要组成部分。税务部门是国家重要的行政执法部门，在全面推进依法行政、建设法治政府进程中肩负着重要职责。中华人民共和国成立70年来，伴随着国家法治化进程的不断推进，税收法治也持续深入发展，特别是党的十八大以来，税收法治建设循着法治中国的宏伟蓝图，大踏步迈入全面深化的新阶段。

税收法治发展历程

中华人民共和国成立之后，我国税收法治建设不断深化推进，持续发展完善。1957年，就提出要“依法办事、依率计征”。改革开放后，税收法治加快发展。党的十一届三中全会提出，健全社会主义民主和加强社会主义法制，做到有法可依、有法必依、执法必严、违法必究，为社会经济生活走上法制化轨道指明了方向。1988年，国家税务局提出要“以法治税”，加强税收执法，加大对税收违法行为的打击力度。1991年，国家税务局向国务院报送了《关于进一步推进依法治税加强税收管理的报告》，国务院以通知的形式转发各地。通知明确要求：“为进一步发挥税收的宏观调控功能，确保国家财政收入，必须大力推进依法治税，切实加强税收管理。”该通知提出依法治税，掀开了税收法治建设崭新的一页，具有重要的历史意义。

1992年，党的十四大明确我国经济体制改革的目标是建立社会主义市场经济体制。1993年，八届全国人大第一次会议通过宪法修正案，将“国家实行社会主义市场经济”“国家加强经济立法，完善宏观调控”写入宪法。为适应建立社会主义市场经济体制的要求，国家税务总局相继提出“依法治税是改革开放的必然要求，也是改革开放的保证”“依法治税是建立社会主义市场经济体制所必须坚持的一项重要原则，各级税务机关要增强信心，顶住压力，排除干扰，坚定不移推进依法治税”“依法治税是税收工作的基本原则”“法治，就是依法治税，不得以权代法、以言代法和自立章法，不准随意减、免、缓、欠税款，必须做到执法必严、违法必究”“依法治税是税收征管的核心要求，离开了依法治税，就无法保证统一税收政策的贯彻实施”等要求，有力推进了依法治税。

1997年，我们党提出依法治国基本方略，并加快推进法治政府建设，依法治税作为依法行政的重要组成部分得到全面推进。2001年，国家税务总局召开了全国税务系统依法治税工作会议，明确提出全面推进依法治税的工作构想——“一个灵魂、四个机制、五个目标”，将依法治税作为税收工作的灵魂贯彻始终，逐步构建有中国特色的完善的税收法律体系、规范的税法执行体系、有效的税收执法监督体系和健全的税收保障体系，实现税收法制基本完备、执法行为全面规范、执法监督严密有力、执法保障明显改善、队伍素质显著提高。同时，坚持“依法治税、重在治内、内外并举、以内促外”的方针和税务人员执法资格认定制度，把良法善治落在实处。2004 年以来，税务部门深入贯彻国务院《全面推进依法行政实施纲要》，把依法行政作为税收工作的基本准则，努力建设法治型税务机关，推动依法治税工作迈入了整体全面发展阶段。

党的十八大以来，以习近平同志为核心的党中央从实现国家治理体系和治理能力现代化的高度，对新时代全面推进依法治国提出了新任务，描绘了到 2035 年基本建成法治国家、法治政府、法治社会的宏伟蓝图。习近平总书记全面依法治国新理念新思想新战略，明确了全面依法治国的指导思想、发展道路、工作布局、重点任务，是马克思主义法治思想中国化的最新成果，也为税务部门规范税收执法，深入推进依法行政、依法治税提供了根本遵循。2015 年 2 月，国家税务总局制定《关于全面推进依法治税的指导意见》，明确了全面推进依法治税的指导思想、总体要求及实施路径，在更高层次、更高水平上推进法治税务建设，促进税收治理体系和治理能力现代化。同时指出，只有坚持依法治税，才能顺应全面建成小康社会、全面深化改革、全面依法治国、全面从严治党的新形势，才能有效适应经济发展新常态和需求个性化、诉求多元化、信息网络化的新变化，才能为税收改革和发展提供可靠的法治保障，有力推动税法体系完备规范、税制体系成熟定型、服务体系优质便捷、征管体系科学严密、信息体系稳固强大、组织体系高效清廉，真正在法治轨道上有序推进税收现代化。

2015 年 5 月，国家税务总局制定了《关于坚持依法治税更好服务经济发展的意见》，强调坚持依法征税的组织收入原则，依法依规加强税收征管，严禁违反税收法律法规的规定和超越权限多征、提前征收或者减征、免征、缓征应征税款，坚决防止和严肃查处收“过头税”“空转”、转引税款、突击征税等违规行为。2016 年 12 月，国家税务总局制定《“十三五”时期税务系统全面推进依法治税工作规划》，提出了坚持税收法定、征纳双方法律面前平等、依法行政、简政放权、从税收工作实际出发五项基本原则，确定了“十三五”时期税务系统全面推进依法治税的时间表、路线图、任务书，对 36 项重点任务进行分工部署，提出到 2020 年基本建成法治、创新、廉洁和服务型税务机关。2018 年以来，国家税务总局进一步加强税务系统全面依法行政领导体制机制建设，统筹推进税务系统全面依法行政工作，使之成为依法治税的重要保障。这一阶段，税收法治建设取得了新进展，依法治税取得了明显成效，法治体系不断健全，执法行为逐步规范，管理方式日趋科学，法治保障持续加强，法治正从一种治税手段发展成为税收治理的基本方式。

加快税收立法

立法是法治的基本前提。新中国成立后，我国税收立法工作不断发展，朝着实体法与程序法并重、建立完备规范的税法体系这一目标持续推进。

税收法定原则不断得到落实。新中国成立之初，百废待兴，政权建设、国防建设、经济恢复以及国家各项事业急需大量财政资金，通过税收筹集财政收入便成为当务之急。有税必先有法。1949年9月，中国人民政治协商会议第一届全体会议通过了具有临时宪法性质的《中国人民政治协商会议共同纲领》，规定中华人民共和国国民均有缴纳赋税的义务。这是新中国税制建设的纲领性文件和指南，是我国第一部规定公民具有依法纳税义务的宪法性文件，体现了税收法定原则。1950年1月，政务院正式公布《全国税政实施要则》，确立了税收立法原则和权限，即有关全国性的税收条例法令由政务院统一制定，施行细则由中央税务机关统一制定。1954年《中华人民共和国宪法》第一百零二条规定“中华人民共和国公民有依照法律纳税的义务”，成为税收法定原则的宪法依据。

为适应改革开放的需要，1982年《中华人民共和国宪法》进一步明确公民有依照法律纳税的义务，五届全国人大第三次、第四次会议先后通过了《中华人民共和国中外合资经营企业所得税法》《中华人民共和国个人所得税法》和《中华人民共和国外国企业所得税法》，开启了我国社会主义市场经济税收制度建设和税收法治建设的实践探索。1984年、1985年，全国人大及其常委会两次对国务院制定税收条例进行授权，体现了税收法定的精神。根据此授权，1985—2011年，国务院先后制定了城市维护建设税、房产税、耕地占用税、城镇土地使用税、印花税、增值税、营业税、消费税、土地增值税、资源税、契税、车辆购置税、进出口关税、烟叶税、船舶吨税共15部税收条例，保障了税制依法合规稳定运行。

1996年8月2日，时任财政部部长、国家税务总局局长刘仲藜（中）参加《中华人民共和国税法》（中央卷）首发式。

2013年，党的十八届三中全会首次明确提出“落实税收法定原则”，随后党中央审议通过《贯彻落实税收法定原则的实施意见》，明确开征新税种应当通过全国人大及其常委会制定相应的税收法律，提出力争在2020年前完成落实税收法定原则改革任务，将税收暂行条例上升为法律或者废止，并对2020年前完成税收立法任务作出安排。

在此之后，我国税收立法工作明显提速。2016年12月25日，十二届全国人大常委会第二十五次会议通过《中华人民共和国环境保护税法》，自2018年1月1日起实施。2017年12月27日，十二届全国人大常委会第三十一次会议通过《中华人民共和国烟叶税法》《中华人民共和国船舶吨税法》，均自2018年7月1日起施行。2018年12月29日，十三届全国人大常委会第七次会议通过《中华人民共和国耕地占用税法》，自2019年9月1日起施行；通过《中华人民共和国车辆购置税法》，自2019年7月1日起施行。2019年8月26日，十三届全国人大常委会第十二次会议通过《中华人民共和国资源税法》，自2020年9月1日起施行。这是我国税收立法的又一重要成果，增强了资源税在生态保护方面的功能。

截至2019年10月底，现行的18个税种中，已制定法律的有9个税种。这标志着贯彻落实党的十八届三中全会和党的十九大关于“落实税收法定原则”的部署取得重大进展，展现了高质量推进新时代税收现代化建设、健全现代税制体系、加强税收法治建设取得的重要阶段性成果。

《中华人民共和国税收征收管理法》不断修订完善。我国税收程序法完善主要体现在税收征管法上。改革开放以来，我国税收征管改革不断推进，征管手段不断创新，税收征收管理法律制度也经历了逐步完善的过程。1986年，国务院审议通过了《中华人民共和国税收征收管理暂行条例》，为税收征管提供了比较系统和规范的程序，是我国税收程序法建设的重要里程碑。1992年，该条例上升为《中华人民共和国税收征收管理法》，统一了对内税收和涉外税收征管制度，强化了税务机关的行政执法权，完善了对税务机关和税务人员的执法制约和对纳税人合法权益的保护制度，健全了对税收违法行为的处罚制度，基本统一了由税务机关征收的各种税收的征收管理制度。该法的出台对于保障税收收入、维护纳税人的合法权益、协调征纳关系，促进税收管理法治化、科学化、规范化等起到了积极作用。

此后，为适应经济社会发展和税收工作面临的新形势，《中华人民共和国税收征收管理法》又经历了数次修订完善。

1995年修正：明确发票印制的管理机关。1994年省以下国税、地税部门实行分设，税收征管体制发生重大变化。1995年2月28日，八届全国人大常委会第十二次会议决定对《中华人民共和国税收征收管理法》作第一次修正。此次修正将第十四条第一款由“发票必须由省、自治区、直辖市人民政府税务主管部门指定的企业印制；未经省、自治区、直辖市人民政府税务主管部门指定，不得印制发票”修改为：“增值税专用发票由国务院税务主管部门指定的企业印制；其他发票，按照国务院税务主管部门的规定，分别由省、自治区、直辖市国家税务局、地方税务局指定企业印制”等内容，明确了发票印制的管理机关，从法律上对增值税专用发票严格管理进行了规定。

2001年修订：加大对纳税人权利的保护。2001年4月28日，九届全国人大常委会第二十一次会议通过了修订后的《中华人民共和国税收征收管理法》，法律条文增加了32条，对原有条款修改了90余处。此次修订，明确规定了纳税人拥有受尊重和保护、享受咨询和公共服务权、知情权、保密权、申请减免退税权、陈述权、申辩权、申请复议权、提起行政诉讼权、请求国家赔偿权、控告和检举权、受奖励权、个人及其所扶养家属维持生活必需的住房和用品不可侵犯权、超纳税额缴纳税款要求退还权、拒绝检查权、拒绝摊派权等16项权利。这些权利的法定化，使纳税人的法律主体地位得以确立，对进一步推进依法治税具有十分重要的意义。

2013年修正：简化纳税人办理税务登记流程。2013年6月29日，十二届全国人大常委会第三次会议通过相关决定，对《中华人民共和国税收征收管理法》作第二次修正，将第十五条第一款中“税务机关应当自收到申报之日起三十日内审核并发给税务登记证件”修改为“税务机关应当于收到申报的当日办理登记并发给税务登记证件”，简化了纳税人办理税务登记的流程，缩短了办理时限。

2015年修正：简化纳税人的减税、免税申请。2015年4月24日，十二届全国人大常委会第十四次会议通过相关决定，将《中华人民共和国税收征收管理法》第三十三条“纳税人可以依照法律、行政法规的规定书面申请减税、免税”修改为“纳税人依照法律、行政法规的规定办理减税、免税”；将“减税、免税的申请须经法律、行政法规规定的减税、免税审查批准机关审批。地方各级人民政府、各级人民政府主管部门、单位和个人违反法律、行政法规规定，擅自作出的减税、免税决定无效，税务机关不得执行，并向上级税务机关报告”修改为“地方各级人民政府、各级人民政府主管部门、单位和个人违反法律、行政法规规定，擅自作出的减税、免税决定无效，税务机关不得执行，并向上级税务机关报告”。此次修正后，纳税人可以直接依照法律、行政法规的规定办理减税、免税，不再需要经税务机关审批。同时，进一步强化了依法减免税的要求。

推进税务部门规章和税收规范性文件制定工作。税务部门规章和税收规范性文件是税收法律制度体系的重要组成部分，是税务机关执法的重要依据。2002年，根据《中华人民共和国立法法》与国务院《行政法规制定程序条例》《规章制定程序条例》，国家税务总局制定《税务部门规章制定实施办法》，规定了税务部门规章立项、起草、审查、审议、发布等内容，切实规范税务部门规章制发程序。2005年，根据国务院《全面推进依法行政实施纲要》，国家税务总局制定了《税收规范性文件制定管理办法（试行）》，确立合法性审核等制度。2010年，在充分总结实践经验基础上，通过部门规章形式制定《税收规范性文件制定管理办法》，正式建立了完整的税收规范性文件制定管理制度。

党的十八大以来，为深入贯彻习近平总书记全面依法治国新理念新思想新战略，推进依法治税，国家税务总局先后修订《税收规范性文件制定管理办法》和《税务部门规章制定实施办法》，进一步规范税务部门规章和税收规范性文件制发程序。通过加强合法性审核、世界贸易组织规则合规性评估、公平竞争审查、备案审查，健全政策起草时听取意见、调查研究程序，建立制度化、程序化、规范化的税收政策动态清理机制，不断推进税务执法依据的合法、规范和统一。党的十八大以来，国家税务总局共发布税务部门规章21部，以公告形式发布税收规范性文件511件，在落实各项税收政策、推进税制改革进程、完善税收征管程序、优化税务执法方式、改善税收营商环境等方面发挥了重要作用，对于健全税收法律制度体系和增强税收在国家治理中的基础性、支柱性、保障性作用具有重要意义。

延伸阅读

税收法治建设的N个“第一”

第一部规定公民具有依法纳税义务的宪法性文件——《中国人民政治协商会议共同纲领》。1949年9月，中国人民政治协商会议第一届全体会议通过了具有临时宪法性质的《中国人民政治协商会议共同纲领》，规定中华人民共和国国民均有缴纳赋税的义务。这是新中国税制建设的纲领性文件和指南，是新中国第一部规定公民具有依法纳税义务的宪法性文件，具有里程碑意义。

第一部统一的税收基本法规——《全国税政实施要则》。1950年1月，为落实《中国人民政治协商会议共同纲领》，政务院正式公布《全国税政实施要则》，对统一全国税政、建设新税制和加强税务工作作出规定。作为新中国第一部统一的税收基本法规，《全国税政实施要则》在确定合理负担、统一税法税政、一切纳税人必须照章纳税等税收基本原则外，还确立了税收立法原则和权限。

第一部在最高立法机关正式建立后通过的税收法律——《文化娱乐税条例》。1956年，一届全国人大常委会第三十五次会议审议通过《文化娱乐税条例》，并以中华人民共和国主席令的形式颁布。这是新中国最高立法机关正式建立后通过的第一部税收法律。

第一部刑法对涉税犯罪作出规定——1979年《中华人民共和国刑法》。1979年7月1日，五届全国人大第二次会议通过的《中华人民共和国刑法》第一百二十一条规定:“违反税收法规，偷税、抗税，情节严重的，除按照税收法规补税并且可以罚款外，对直接责任人员，处三年以下有期徒刑或者拘役。”第一百二十四条规定:“以营利为目的，伪造税票的，处二年以下有期徒刑、拘役或者罚金；情节严重的，处二年以上七年以下有期徒刑，可以并处罚金。”这是新中国第一部刑法，是中国刑事法律发展史上的一个重要里程碑，也是打击涉税犯罪活动的重要法律依据。

第一次出台法律规范涉外税收——《中华人民共和国中外合资经营企业所得税法》《中华人民共和国个人所得税法》。1980年9月,《中华人民共和国中外合资经营企业所得税法》和《中华人民共和国个人所得税法》出台，这是新中国第一次出台法律规范涉外税收。1981年12月，又出台《中华人民共和国外国企业所得税法》。这三部涉外税收法律的出台，标志着新中国初步建立了涉外税制。

第一部独立的税收征管行政法规——《中华人民共和国税收征收管理暂行条例》。1986年，国务院审议通过《中华人民共和国税收征收管理暂行条例》，为税收征管提供了比较系统和规范的程序，是我国税收程序法建设的一个重要里程碑。

第一次出台税务部门规章和税收规范性文件制定管理办法——《税务部门规章制定实施办法》《税收规范性文件制定管

理办法（试行）》。2002年，国家税务总局制定了《税务部门规章制定实施办法》，规范税务部门规章的制发程序；2005年，制定了《税收规范性文件制定管理办法（试行）》，在制度层面确立合法性审核等制度；2010年，以部门规章形式制定《税收规范性文件制定管理办法》。党的十八大以来，又先后修订《税收规范性文件制定管理办法》《税务部门规章制定实施办法》，进一步规范税务部门规章、税收规范性文件的制定管理，提高制度建设质量。

规范税收执法

税务部门直接面对广大纳税人和缴费人，税收执法水平和质量不但关系到税收政策执行，而且直接关系到党和政府的形象。随着税收立法进程的推进和税收法治建设的加快，税务部门持续规范税收执法行为，促进严格公正文明执法。

深入推行税收执法责任制。党的十五大确立依法治国、建设社会主义法治国家的方略后，税务系统开始探索推行税收执法责任制。2001年，国家税务总局在全国税务系统依法治税工作会议上提出了“内外并举、重在治内、以内促外”的工作思路，要求各级税务机关把推行税收执法责任制作为推进依法治税工作的一个重要抓手。同年印发《关于全面推行税收执法责任制的意见》，明确了税收执法责任制的内涵、原则、内容及整体框架。2005年，在试点工作的基础上，国家税务总局印发《关于深入推行税收执法责任制工作的意见》《税收执法责任制考核评议办法（试行）》《税收执法过错责任追究办法》，初步构建了岗位职责、工作规程、考核评议、责任追究“四位一体”的税收执法责任制制度体系。党的十八大以来，党中央、国务院在一系列重要文件中提出了强化执法责任的要求。党的十八届四中全会通过的《中共中央关于全面推进依法治国若干重大问题的决定》明确提出“全面落实行政执法责任制，严格确定不同部门及机构、岗位执法人员执法责任和责任追究机制”。2017 年，国家税务总局印发《税收执法考评与过错责任追究暂行办法》，进一步明确新时期税收执法责任制工作重点是落实好考评机制和责任追究，持续促进税收执法质量提升。同时，充分发挥信息化技术手段对执法责任制工作的推动作用，不断完善和拓展内部控制监督平台的税收执法考评系统功能，实现对税收执法行为的实时监控。通过建立全流程、精细化的执法责任制考核监督机制，有力推动依法治税在基层税务机关落地生根。

公布权力和责任清单。推行政府部门权力和责任清单制度是国家治理体系和治理能力现代化建设的重要举措，对于深化行政体制改革，建设法治政府、创新政府、廉洁政府和服务型政府具有重要意义。2015 年 12 月以来，按照国务院部署，国家税务总局成立了权责清单编制试点工作领导小组，确立了“三先三后”的改革路径，即先全面梳理后清理规范、先权责清单后权力运行流程图、先总局清单后系统范本。坚持以系统集成的思维，统筹处理好编制权责清单与简政放权、加强管理、优化服务等方面的协同。坚决防止和避免已经取消或者下放的审批事项“改头换面”进入清单，并对税务审批制度改革中调整为其他权力事项的进一步改革。对设定行政审批事项的法律法规进行梳理，对权力事项分情况提出保留、取消、下放和其他调整意见，相应调整了相关制度，对需修改相关法律法规的，提出相应建议。2017 年 5 月，经中央机构编制委员会办公室审核，最终形成 4 领域 27 事项 61 子项的《国家税务总局权力和责任清单（试行）》并公布，规范执法权并主动接受监督。

全面推行“三项制度”。2017 年 1 月，国务院办公厅决定开展行政执法公示制度、执法全过程记录制度、重大执法决定法制审核制度（以下统称“三项制度”）试点工作。国家税务总局是唯一一家开展“三项制度”全部试点的国务院部门，印发了《税务系统推行行政执法公示制度执法全过程记录制度重大执法决定法制审核制度试点方案》，细化了 32 项具体工作任务，安排了 28 项工作性课题，逐项分解落实到责任司局和相应省税务局，确定了 31 家试点单位，做到试点层级、试点地域、试点任务全覆盖。2019 年 3 月，按照国务院部署，国家税务总局在总结试点经验的基础上印发了《优化税务执法方式全面推行“三项制度”实施方案》，从 15 个方面对全面推行“三项制度”作出具体规定，全面规范税收执法事前、事中、事后各环节的程序要求，完善执法主体、执法资格、执法监督等各方面的管理制度，打造新型的税务执法质量控制体系，促进执法方式根本转变、执法水平整体提升。2019 年 6 月，国家税务总局办公厅印发全面推行“三项制度”的具体实施办法和事项清单。2019 年 7 月，国家税务总局全面依法行政领导小组办公室又印发了工作指引、参考标准和“三项制度”100问，供执法人员参考。

税务系统全面推行“三项制度”是进一步提高税务执法效能、促进公平公正监管、优化税收营商环境、确保减税降费政策落到实处的重要措施，对优化税务执法方式、促进严格规范公正文明执法具有基础性、整体性、突破性作用，对落实全面依法治国方略、建设法治税务、推动实现税收治理体系和治理能力现代化具有重要意义。

规范税务行政自由裁量权。2008年，国务院提出要规范行政自由裁量权的行使。2012年，国家税务总局明确提出税务机关要建立税务自由裁量基准制度，并制发《关于规范税务行政裁量权工作的指导意见》，明确了税务行政裁量权行使的基本要求和原则；2016年，制发《税务行政处罚裁量权行使规则》，明确税务行政处罚裁量权的处罚种类、裁量基准制度和程序规范等，各省税务机关制定处罚裁量基准。这为税务机关行使行政处罚权力制定了标准、程序和规矩，防止自由裁量权“任性”。为权力的行使制定严格的规则，有利于最大限度规范税务人，促进执法公平和税法遵从，从而为经济社会的健康发展营造良好的税收环境。

不断强化税收执法督察。税收执法督察是税务部门强化税收执法监督的重要手段。国家税务总局自1995年开始每年部署开展税收执法检查，2000年印发《税收执法检查规则》，2013年修订并更名为《税收执法督察规则》，以国家税务总局部门规章形式发布，进一步规范和促进执法监督工作。党的十八大以来，税务系统通过开展税收执法督察，及时发现并纠正税收执法中存在的各类问题，促进严格规范公正文明执法，保障高质量推进新时代税收现代化建设。一是保障重大政策落地见效。围绕党中央、国务院重大决策部署和税收中心工作，开展了营改增、“放管服”改革、减税降费、个人所得税改革、税收优惠政策落实等事项的执法督察，坚决纠正不作为、慢作为、乱作为等问题，为深化改革清障疏堵，为依法治税保驾护航。2016 年，组织开展营改增督察，发现并及时纠正政策措施落实中存在的问题。2019 年，围绕个人所得税改革全面实施，紧扣六项专项附加扣除的宣传辅导和组织填报、个人所得税 APP 正式上线推广、个人所得税改革首月首季申报等重要节点，督促各地税务机关将政策不折不扣落到实处。2019 年 7 月，对各省税务局开展了减税降费专项督查，相关问题均按要求落实整改，保障党中央、国务院更大规模减税降费落地见效。二是持续促进规范执法。2017 年，部署各地开展税收执法大督察自查，国家税务总局和各省税务局分别开展了重点抽查，并延伸督察了部分县区税务机关，取得预期成果。2018 年，各级税务机关在国税地税征管体制改革中，抓牢规范执法不放松，共开展 2865 个督察审计项目，促进落实组织收入原则，提高收入质量，服务大局助力改革。2019 年，针对组织收入、发票管理、出口退税等税收执法高风险领域，组织国家税务总局驻各地特派员办事处、各省税务局开展执法督察，防控执法风险，促进税收执法权正确有效行使。

加强执法队伍建设。依法治税，离不开一支高素质的税务执法队伍。国家税务总局严格实行税务执法人员持证上岗和资格管理制度，“以考促学”和持续开展法治业务培训相结合，不断提高税务干部业务能力和法律素养。从2010年起，每年定期举行税务执法资格考试，逐渐实现税务执法资格的规范化、日常化管理。2016年，为贯彻党的十八届四中全会精神，落实《深化国税、地税征管体制改革方案》关于“推行税收法律顾问和公职律师制度”的要求，在全国税务系统开展税收法律顾问和公职律师工作，充分发挥税收法律人才的作用，为税收改革、税收执法、行政管理提供优质高效法律服务。截至2018年底，全国税务系统共有公职律师3300余人、法律顾问4500余人，实现省、市、县税务局法律顾问全覆盖。针对国税地税机构合并后干部队伍更大、规范管理和服务要求更高、专业素质和能力要求更强的情况，2019年2月，国家税务总局印发《关于新形势下推进税务系统干部队伍管理法治化规范化专业化的意见》，从加强政治建设、推进依法治税、强化规范管理、提升素质能力等方面出台一系列措施，打造履职尽责、为民服务、勤政务实、敢于担当、清正廉洁的高素质专业化税务干部队伍。

完善税收法律救济

税收法律救济是保障纳税人合法权益的重要途径，也是纳税人依法享有的权利之一。伴随着税收法治进程的不断深入，我国税收法律救济制度持续健全完善。

税务行政复议制度逐步完善。1989年5月，国家税务局在河南省驻马店地区税务局进行税务行政复议工作试点，并于当年出台《税务行政复议规定（试行）》，税务行政复议制度正式建立。之后又制定《税务行政复议规则》，并经2015年和2018年两次修改，沿用至今。

税务行政争议范围广、数量多、专业性强，大量税务行政争议由税务机关以行政复议方式解决。各级税务机关疏通进口，敞开大门，积极主动地受理税务行政复议案件，将和解、调解贯穿于行政复议的全过程，推行行政复议听证制度，努力做到定分止争、案结事了，实现法律效果与社会效果的统一。国家税务总局和省级税务机关设立了行政复议委员会，实行税务行政复议行政首长负责制，明确税务行政复议的岗位职责和工作流程、评议考核和过错追究方式，公开听证审理力度不断加大。2012—2018年，全国各级税务机关共办理行政复议案件6547件，行政复议的专业性、透明度和公信力不断增强，发挥了通过个案彰显公平的制度效果。

税务行政应诉工作日益规范。1988年，我国发生首起税务行政诉讼案。为保障税收法律的正确贯彻实施，保证税务机关依法行使职权，保护纳税人合法权益，规范税务行政应诉工作，国家税务总局于1995年制发《税务行政应诉工作规程（试行）》。2017年9月，制发《关于进一步加强和改进税务行政应诉工作的实施意见》，指导全国税务机关做好税务行政应诉工作。之后又重新修订出台了《税务行政应诉工作规程》，自2018年1月1日起实施，就应诉各环节工作进行全面细化，明确规定负责人出庭应诉制度，对加强和改进税务行政应诉工作进行总体部署，从观念认识、业务规范、事前化解、结果运用、队伍建设、组织领导、保障考核等方面提出工作要求，税务系统行政应诉能力和水平不断提高。

加强税收法律救济工作，不但有效保护了纳税人合法权益，而且对规范税收执法起到积极的促进作用。各级税务机关在开展税务行政复议与应诉工作中，一方面注重加大对税务机关具体行政行为的监督，通过撤销变更不当税务行政行为，切实保护纳税人的合法权益；另一方面注重将个案的办理与解决引发争议的政策问题有机结合起来，对案件所涉及税收政策和税收管理规定中存在的问题，积极提出改进建议，促进相关政策规定和管理措施的完善。

加大涉税违法打击力度

税务部门高度重视严厉打击涉税违法行为工作，防止国家税款流失。20世纪90年代中期以来，国家税务总局充分发挥职能作用，争取部门协作、形成工作合力，全力打击涉税违法行为，先后组织开展了对医药、农产品收购、废旧物资、成品油等行业的专项整治，整顿和规范了行业和区域经济秩序，筑牢了保障国家税收安全的牢固防线。

党的十八大以来，税务部门深入开展打击虚开增值税专用发票和骗取出口退税专项工作。自2013年1月至2019年9月，全国各级税务部门共检查涉嫌虚开骗税企业40余万户，认定虚开和接受虚开增值税专用发票及其他可抵扣凭证2400余万份，查处骗取出口退税企业挽回税款损失800余亿元，有效遏制了虚开骗税涉税违法行为多发高发的态势。其中，2015年，国家税务总局会同公安部、人民银行，以查处虚开“黄金票”和骗取出口退税为重点，首次共同下发案源和研判线索，统一提供资金流信息，查处案值超亿元虚开案件144起，打击力度和成效明显增强。2016年5月，公安部派驻国家税务总局联络机制办公室挂牌设立，同时国家税务总局、公安部、海关总署、人民银行四部委联合成立打击虚开和骗税工作领导小组，共同选案、共同部署、共同查处、共同督导，开始启动打击虚开和骗税专项行动。2016年，共立案检查企业4.57万户，挽回骗税损失超过170亿元。2017年，共立案检查企业5.07万户，挽回骗税损失超过200亿元。2018年，按照中共中央宣传部等五部门有关部署安排开展影视行业税收秩序规范工作，促进了行业健康发展。

2018年8月22日，国家税务总局和公安部、海关总署、中国人民银行在北京联合召开会议，共同部署打击虚开增值税发票、骗取出口退税两年专项行动。

2018 年 8 月，国家税务总局联合公安部、海关总署、人民银行（以下统称“四部门”）开展为期两年的打虚打骗专项行动，聚焦没有实际经营业务只为虚开发票的“假企业”和没有实际出口只为骗取退税的“假出口”，靶向整治、精准打击，突出打大案、打窝案、打串案。截至 2019 年 9 月底，两年专项行动取得阶段性成效。一是初步遏制了虚开骗税猖獗势头。“四部门”共查处涉嫌虚开骗税企业 17.63 万户，认定虚开增值税发票 835.01 万份，涉及税额 1557.59 亿元；通过严打“假出口”，挽回出口退税损失 161.64 亿元；特别是通过严查严打，有 1700 余名犯罪嫌疑人投案自首。二是有效促进了税务执法方式优化。各地“四部门”积极探索应用大数据分析和信息化技术，形成了通过采集、分析和挖掘发票电子信息和电信网络信息，精准识别定位虚开发票违法犯罪的信息化战法。自 2018 年 11 月在全国推广应用以来，共破获暴力虚开团伙 294 个，累计捣毁虚开窝点 508 个，初步实现了由事后打击向事前预防、事中打击并举的重大转变。三是有力保障了减税降费政策落地。各地“四部门”在专项行动中，对利用政策漏洞和管理薄弱环节实施虚开骗税的违法犯罪行为，及时发现、分类处置，特别是对利用国家减税降费政策实施虚开骗税的违法犯罪行为，及时查处、精准打击，努力确保减税降费的红利更好地落到守法经营企业。四是切实推动了税收共治格局建设。专项行动开展以来，地方各级党委政府、各相关部门都给予了有力指导和大力支持，既促进了“双打”工作顺利开展，又为构建良好的税收共治格局起到了积极的保障和推动作用。

历史见证

“一本证”看税收执法规范化历程

“没想到弹指一挥间，已经持证上岗35年了。”这是来自国家税务总局广东潮州经济开发区税务局的林建宁最近在微信朋友圈上发的一句话。

提起税务检查证，税务老兵林建宁如数家珍，从年代感满满的红黄臂章，到陈旧泛黄的“小红本”……带着浓郁时代印记的一张张证件，不仅承载着悠悠税月的美好记忆，更与他共同见证了税收执法规范化的发展历程。

臂上章闪耀税法光芒

1979年，正值改革开放起步阶段，经济回暖，流动商贩开始活跃在潮州各大农贸市场，向市民售卖鱼肉菜等各类生鲜产品，也为税务部门提供了分散

1984年，第一代税务检查证应运而生。

的零星税源。

同年，18岁的林建宁初入税门，在当时潮州中心镇区的农贸市场驻点，负责市场税收征收工作。每天早晨天还没亮，他和所里的同事就背起了书包，手持一大叠税票，来到市场向商贩宣传税收知识，并细心测算商贩售出的产品数量，依据税率计征其应缴的税款。让林建宁苦恼的是，当时社会大众对税收工作的性质和意义“一知半解”，商贩不理解、不配合的情况时常出现，给他们的工作带来了不少的困难和阻力。

林建宁身着第一代税务制服，佩戴税务检查证。

1984年，第一代税务检查证和税务制服应运而生。红底黄字的菱形胶质臂章，正面印有“广东省税务局检查证”的字样和证件编号，别在崭新的制服上，显得格外亮眼。林建宁第一次穿上税务制服，佩戴税务检查证，难掩内心的喜悦和自豪，迫不及待地拍下一张个人照片并珍藏起来，时时勉励自己牢记税收工作的使命。让林建宁惊喜的是，那几年，有了税务检查证和税务制服的“赋能”，税收工作的公信力和震慑力明显提升，老百姓对税收工作的理解和信任更足了，税收征管和执法工作开展也更顺利了。“按照现在的说法，这张证可是当时主打的‘税收宣传明星产品’啊。”林建宁打趣地说道。

“持证上岗”成执法标配

“您好，我们是潮州市税务局执法人员……”1992年4月，在潮州市税务局直属税务分局检查股工作的林建宁与同事一同到市区某日用品化工厂开展执法工作，第一时间向纳税人展示手中的“小红本”亮明身份。这一“小红本”正是当时新鲜出炉的“升级版”税务检查证。翻开这本红色胶质小本子，一张年代感十足的黑白照片映入眼帘，税务人员的姓名、发证机关、发证日期和证件编号等信息一应俱全。同年，七届全国人大常委会第二十七次会议通过了《中华人民共和国税收征收管理法》，首次明确税务检查证是税务人员进行税务检查时的法定专用凭证，同时规范了证件使用办法，要求税务机关派出的人员

税务检查证的版式历经更迭，图为部分年份的税务检查证。

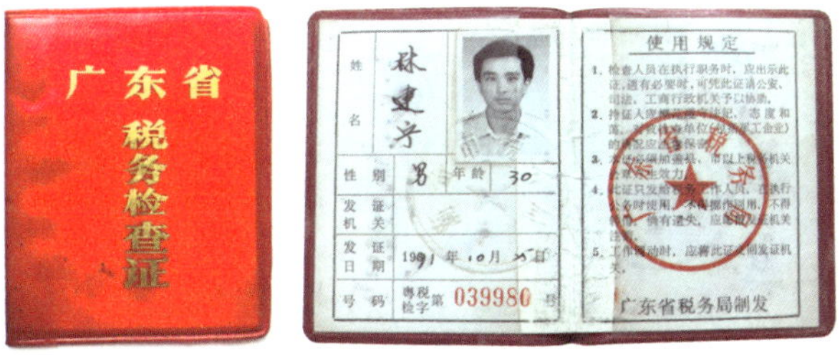

20世纪90年代初，“升级版”税务检查证启用。

自2019年1月1日起，增添了二维码信息载体的全新税务检查证正式启用。

进行税务检查时，应当出示税务检查证和税务检查通知书，并有责任为被检查人保守秘密；未出示税务检查证和税务检查通知书的，被检查人有权拒绝检查。自此，一身笔挺的税务制服、一本鲜红的税务检查证成了税务人员入户执法的标配。

2019 年 1 月 1 日起，增添了二维码信息载体的全新税务检查证正式启用，纳税人接受税务检查时也能更加“理直气壮”了，扫描二维码就可以查验持证人的身份信息。从臂上章到手中证，税务检查证的版式历经更迭，依法治税的内涵不断完善，对纳税人权益的保障却始终如一。

“执法人员‘亮证’，既是执法必须履行的程序，也是代表国家执法的象征，不仅是对被执法对象的尊重，更是对违法者的震慑。”谈及对税务检查证意义的理解，林建宁有感而发。

税收执法日趋科学规范

进入 21 世纪，国家税务总局对税务检查证管理有了新规定，明确申领税务检查证的税务人员，应当经考试取得税务执法资格。与此同时，以往已取得税务检查证的税务人员要统一“回炉深造”，参加全国税收执法资格考试，林建宁就是其中的一员。为了备考，40 多岁的“税收老行家”收起这些年累积的一套套经验，重新拾起书本，每天晚上与当时正在上高中的女儿结伴在书房学习，钻研税收法规政策，确保每一项税收条款都熟记于心、融会贯通。在当年的考试中，他以扎实的税收执法知识储备重新取得了“持证上岗”的资格。从简单的“组织颁发”，到严谨的“考试

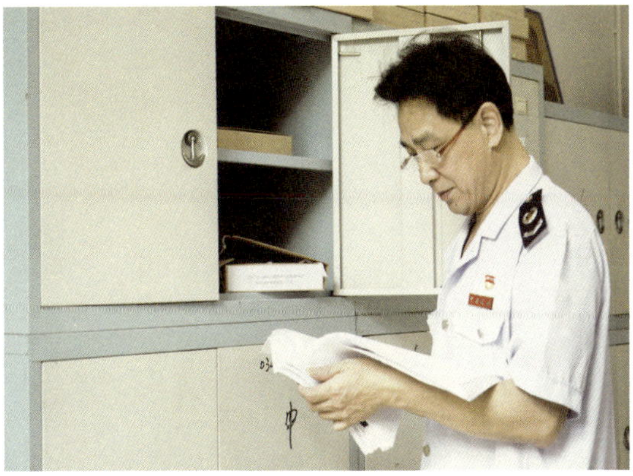
林建宁近照

申领”，税收执法人员的素质得到了明显提升，也有效推动了执法工作的进一步规范。

立足新时代，在依法治国理念的引领下，税收执法迎来崭新气象。自2017年起，广东税务系统在全省实施“行政执法公示制度、执法全过程记录制度、重大执法决定法制审核制度”试点，通过公示制度让执法更公开、透明，借助全过程记录减少纳税人对税务执法存在的疑虑、提高税务人员的法治意识，以重大执法决定法制审核制度规范执法行为、减少执法风险。强有力的税收执法“三项制度”不仅打造了阳光、规范、法治税务新格局，促进了征纳关系的和谐发展，更在“一张证”的基础上全面搭载了高效“制度引擎”，牵引着税收执法全速驶向规范化、法制化轨道。

30余年间，从证件承载信息、取得形式、使用规定层面的细微变化，到税收执法宏观层面的链式反应，小小税务检查证见证了税收执法规范化发展的点滴变化，更见证了林建宁等一代税务人在依法治税进程中笃行勇进的昂扬身姿。

（来源：国家税务总局网站）

税制之进

——税收制度是如何适应经济社会发展要求改进完善的？

中华人民共和国成立70年来，伴随着经济社会发展，我国的税收制度和税收政策不断发展完善，调控经济、调节分配作用有效发挥，为我国经济社会持续健康发展作出了积极贡献。改革开放特别是党的十八大以来，与经济体制改革和对外开放同步，走出了一条具有时代特征、中国特色的税制改革和税收政策完善之路。

税制改革发展历程

1950年1月30日，政务院公布《关于统一全国税政的决定》和《全国税政实施要则》，规定全国一共设立14种税收。1950年至1956年，我国在清理旧税制的基础上，根据多种经济成分、多种分配方式并存的状况建立了以多税种、多次征为特点的税制体系，实现了立法权和征收管理权的统一。1958年，我国将货物税、商品流通税、印花税和工商业税中的营业税部分简并为工商统一税，税制结构开始呈现以流转税为主体的格局，税制逐步简化。1973年，我国再次进行以简化税制为主要内容的税制改革，试行工商税。此次税制改革后，工商税成为我国税制的主体税种。

1978年12月，党的十一届三中全会拉开了改革开放的大幕。

1980年9月至1981年12月，我国初步形成了涉外税收制度，对我国对外开放初期引进外资和开展对外经济技术合作发挥了重要促进作用。为处理好国家与国营企业之间的关系，扩大企业自主权，国务院分别于1983年、1984年在全国试行国营企业两步“利改税”和工商税制全面改革，从而突破了计划经济体制下统收统支的分配格局，强化了税收组织财政收入和宏观调控的功能，基本适应了当时我国经济发展和经济体制改革的需要。

1993年12月，为增强国家财力、提高中央宏观调控能力，国务院发布《关于实行分税制财政管理体制的决定》，决定从1994年1月1日起改革财政包干体制，对各省、自治区、直辖市以及计划单列市实行分税制财政管理体制。其主要内容是：按照中央与地方政府的事权划分，合理确定各级财政的支出范围；根据事权与财权相结合原则，将税种统一划分为中央税、地方税和中央地方共享税，并建立中央税收和地方税收体系，分设中央与地方两套税务机构分别征管，科学核定地方收支数额，逐步实行比较规范的中央财政对地方的税收返还和转移支付制度，建立和健全分级预算制度，硬化各级预算约束。与分税制财政管理体制相适应，1994年我国实施了新中国成立后规模最大、范围最广、内容最深刻的一次税制改革，初步实现了税制的统一、简化和规范，形成了适应社会主义市场经济体制需要，以流转税和所得税为支撑的“双主体”税制体系。在此轮改革中，我国建立了以规范化的增值税为核心，消费税、营业税相互协调的新流转税体系；改变按照企业所有制性质分设所得税的做法，统一内资企业所得税；

将按照纳税人类别分别设立的个人所得税、城乡个体工商户所得税、个人收入调节税合并为统一的个人所得税。同时，调整、撤并和开征了其他一些税种，税种设置由原来的32个减为25个。税制改革后，通过适当集中税权和税收收入，进一步理顺了中央和地方的分配关系，加强了中央政府的宏观调控能力。

进入21世纪后，按照“简税制、宽税基、低税率、严征管”的原则，我国分步实施税制改革，建立了更加公平、科学和法制化的税制体系，为推动市场经济体制完善和经济发展方式转变提供有力支撑。2007年以来，我国逐步实现城镇土地使用税、车船税、企业所得税、房产税、城市维护建设税和教育费附加的内外税制统一，促进了市场公平竞争；实施车辆购置费改税、成品油税费改革和原油、天然气资源税从价计征改革，用税收取代一些具有税收性质的收费，进一步规范政府收入形式。在试点基础上，2009年1月1日起，在所有地区、所有行业全面推行由生产型增值税向国际上通行的消费型增值税转变。经过不断改革，与社会主义市场经济体制相适应的税制进一步完善，初步构建起有利于科学发展、社会公平、市场统一的现代税制体系。

这一时期，尤其值得提到的是，2006年3月，全国彻底取消农业税，这是一件具有划时代意义的重大改革。我国是一个历史悠久的农业大国，传统农业的主体地位决定了农业税具有重要作用。在我国漫长的历史进程中，税收的历史主要是农业税的历史，农业税一直是封建统治者治国安邦、巩固政权最主要的收入来源。新中国成立后，农业税对我国国民经济的恢复、发展和政权的稳

2006 年，河北灵寿县农民王三妮铸造“告别田赋鼎”，向世人宣告 2600 年“皇粮国税”的历史终结，代表着亿万中国农民的希冀和喜悦。

定起到了重要的基础性作用。1949 年至 2005 年，我国农业税收入累计达到 4200 亿元，对增加国家财政收入、促进经济社会发展发挥了积极作用。2004 年，国家着眼于实现粮食稳定增产、农民持续增收的大局，作出了五年内取消农业税的重大决定，并率先在黑龙江、吉林两省进行免征农业税试点，其他省份降低农业税税率，取消了除烟叶税外的农业特产税。2005 年 12 月 29 日，十届全国人大常委会第十九次会议通过了关于废止《中华人民共和国农业税条例》的决定。2006 年 3 月，十届全国人大第四次会议宣布当年在全国彻底取消农业税，这标志着在我国实行了长达 2600 年的这个古老税种从此退出历史舞台。取消农业税是我国经济特别是农村经济发展的需要，有利于减轻农民负担、增加农民收入、改善农民生活、促进农业发展和农村建设，也有利于优化我国税制，在中国农业历史和税收历史上具有重要的意义。

党的十八大以来，以习近平同志为核心的党中央高度重视税制改革，作出了一系列重大部署。2013 年 11 月，党的十八届三中全会通过的《中共中央关于全面深化改革若干重大问题的决定》指出，财政是国家治理的基础和重要支柱，科学的财税体制是优化资源配置、维护市场统一、促进社会公平、实现国家长治久安的制度保障。这标志着税收职能从主要在经济层面发挥作用，进一步拓展至国家治理的诸多方面，税制体系从经济体制的组成部分跃升到国家治理体系的组成部分，税收法定加快落实，重要税种税制改革取得突破性进展。2016 年 5 月，全面推开营改增试点在全国范围内正式实施，营业税正式告别历史舞台，之后伴随实施更大规模减税降费，增值税改革不断深化，现代增值税制度基本建立。2018 年 10 月开始，我国分两步实施综合与分类相结合的个人所得税改革，实现了从分类税制向综合与分类相结合税制的重大转变。为践行绿水青山就是金山银山的发展理念，我国逐步建立健全了“绿色税制”体系，助推绿色发展和美丽中国建设。

党的十八大以来这段时期，在以习近平同志为核心的党中央坚强领导下，我国税制改革呈现出以下四方面的鲜明特点：

一是既适应了经济社会发展的需要，又有力促进了经济社会发展。我国税制改革始终与经济社会发展的关键节点紧密契合，特别是 2012 年以来，在我国加快转变经济发展方式、促进产业结构优化升级的关键时期，为适应供给侧结构性改革的要求，相继实施了营改增试点、降低增值税税率等改革，基本建成了在世界范围内具有先导意义的现代增值税制度。在税制得以逐步完善的同时，企业总体负担减轻，市场活力充分释放，有力助推了高质量发展。

二是既立足我国国情，又顺应了国际税收改革趋势，还实现了税制的重大创新。我国税制改革既坚持制度自信，又注重借鉴吸收西方国家税制改革经验，同时注重制度创新，实现了新时代中国特色社会主义税制体系的不断完善。如2019年实施的深化增值税改革，创造性推出进项税额加计抵减制度，丰富完善了增值税制度体系。

三是坚持积极稳妥、平稳有序加以推进。税制改革涉及面广，牵涉到各方面利益调整，敏感而复杂。我国重大税制改革始终坚持综合考虑各方面情况，平稳加以推进。对一些重大改革坚持试点先行，在总结试点经验基础上再渐次推开。

四是坚持税制改革与征管改革、信息化建设联动实施，以求最大效应。我国税制改革既坚持改革理念、税制设计、立法规划等要素的集成，又坚持税制改革与征管之间的联动，更充分考虑信息化建设的有效支撑，最大限度发挥聚合效应；既使改革设计符合实际、具备操作性，又在实践中得到切实贯彻和落实。

总的来看，70年来的税制改革，着眼于税制的规范化、现代化、国际化，顺应了当时的历史背景和历史条件，税制设计更加科学，税收负担更加公平，宏观调控作用更加有效，有力激发了全社会发展活力和创新动力，保障了财政收入稳定增长，促进了我国经济社会发展和民生改善。

增值税改革

增值税是我国第一大税种。1994年以来，我国增值税制度与经济社会发展相适应，顺应国际发展潮流，走出了一条逐步完善、不断优化的改革之路。

增值税从“生产型”向“消费型”转变。1994 年税制改革时，我国采取生产型增值税。这一方面是出于保障财政收入的考虑，另一方面是为了抑制投资膨胀。随着我国社会主义市场经济体制的逐步完善和经济全球化的深入发展，推进增值税由“生产型”转为“消费型”改革势在必行。

从 2004 年 7 月 1 日起，增值税转型试点首先在东北三省的装备制造业、石油化工业等八大行业进行。从 2007 年 7 月 1 日起，将试点范围扩大到中部六省 26 个老工业基地城市的电力业、采掘业等八大行业。2008 年 7 月 1 日，又将试点范围扩大到内蒙古自治区东部五个盟市和四川汶川地震受灾严重地区。

自 2009 年 1 月 1 日起，我国在所有地区、所有行业推行增值税转型改革。这是我国应对国际金融危机、扩大内需、深化税制改革的重大举措，标志着我国增值税改革向前迈出了重要一步。据统计，2009—2011 年三年间，增值税转型改革带来的减税总规模累计 5000 多亿元，明显减轻了企业的税收负担。

为适应我国增值税转型改革的需要，2008 年 11 月 10 日，国务院公布了修订后的《中华人民共和国增值税暂行条例》《中华人民共和国消费税暂行条例》《中华人民共和国营业税暂行条例》。

延伸阅读

增值税类型

根据对外购固定资产所含税金扣除方式的不同，增值税分为生产型、收入型和消费型三种类型。生产型增值税不允许扣除外购固定资产所含的已征增值税，税基相当于国民生产总值，税基最大，但重复征税也最严重。收入型增值税允许扣除固定资产当期折旧所含的增值税，税基相当于国民收入，税基其次。消费型增值税允许一次性扣除外购固定资产所含的增值税，税基相当于最终消费，税基最小但消除重复征税也最彻底。在目前世界上 170 多个实行增值税的国家和地区中，绝大多数实行的是消费型增值税。

全面推开营改增试点。2009 年增值税转型改革之后，由于部分行业仍旧课征营业税，无法进行进项抵扣，难以全面体现增值税的制度优势。为彻底解决此问题，国务院决定从 2012 年 1 月 1 日起，在上海市开展营业税改为征收增值税试点。此后，分行业、分地区逐步推开。2016 年 5 月 1 日起，全面实施营改增，将试点范围扩大到建筑业、房地产业、金融业、生活服务业，并将所有企业新增不动产所含增值税纳入抵扣范围。

2016 年 5 月 1 日零点刚过，北京民族饭店开出营改增试点全面推开后全国首张服务业增值税发票，标志着全面推开营改增试点这场重大税制改革在全国范围内正式实施。

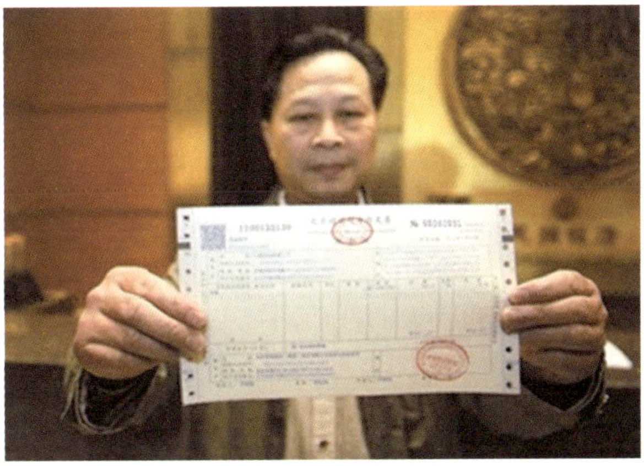

2016 年 5 月 1 日零点刚过，北京民族饭店开出营改增试点全面推开后全国首张服务业增值税发票。

全面推开营改增试点是一项既利当前又功在长远的制度安排，也是一项谋一域而促全局的重大改革。它打通了增值税抵扣链条，消除了重复征税，优化了税制结构，直接减轻了纳税人负担，从而为经济发展创造了更好的税制环境，对产业转型、经济增长、企业发展等具有深层次影响，带来了一系列改革红利。一是四大行业总体税负明显下降。2016 年 5 月至 2018 年 4 月底，营改增四大行业累计减税超过 6000 亿元，前期实施营改增试点的“3+7”行业减税超过 5200 亿元，原增值税行业减税超过 5800 亿元，且四大行业涉及的 26 个细分小行业全部实现减税。二是纳税户数显著增加，产业结构进一步优化。全面推开营改增试点以来，减税红利持续释放，发挥了创业创新、拉长产业链、催生新业态等多重效应，对税基的夯实扩大效应凸显。三是抵扣更加充分，企业发展后劲越来越足。随着试点行业的抵扣链条日趋完整，抵扣进项税额呈现逐步增加趋势，企业抵扣税额不断增加，又进一步降低了企业负担，有力助推了企业高质量发展。四是企业发展内生动力增强。营改增助力企业生产经营规模进一步扩大，四大行业营业收入较快增长，发展速度进一步加快，实现了良性运转。

营改增标志着我国增值税制向现代增值税制度迈出了重要一步，得到了国际社会的广泛赞誉。经济合作与发展组织（OECD）对我国全面推开营改增试点给予高度评价，认为不仅将原有间接税制度转变为覆盖全行业、运行良好、符合国际规范的增值税制度，还妥善解决了扩围行业新旧税制衔接等一系列重点难点问题，极大完善了增值税制度。

深化增值税改革。2017 年以来，为适应我国经济社会发展需要，增值税改革不断推进。2017 年 7 月，17%、13%、11% 和 6% 四档税率简并为 17%、11% 和 6% 三档税率，取消 13% 档税率，将农产品、天然气等税率从 13% 降至 11%。2018 年 5 月，我国进一步推进增值税改革，原适用 17% 和 11% 税率的项目，分别调整为按 16% 和 10% 征税，并对装备制造等先进制造业和研发等现代服务业及电网企业的进项留抵税额予以退还。同时，还将增值税小规模纳税人标准统一为年应征增值税销售额 500 万元。

伴随更大规模减税降费政策的实施，我国自 2019 年 4 月 1 日起进一步深化增值税改革：一是降低增值税税率水平。将适用 16% 税率的项目改按 13% 税率征税，主要涉及制造业等行业；将适用 10% 税率的项目改按 9% 税率征税，主要涉及交通运输业、邮政业、建筑业、房地产业、基础电信服务和农产品等货物；保持 6% 一档税率不变，主要涉及现代服务业、金融业、生活服务业和增值电信服务。二是扩大进项税抵扣范围。将购进国内旅客运输服务纳入抵扣范围。将取得不动产支付的进项税额由分两年抵扣改为一次性全额抵扣。这两项措施可增加纳税人的可抵扣进项税额，让减税惠及所有纳税人。三是试行期末留抵退税制度。对符合条件的纳税人的增量留抵税额予以退还，有效增加企业现金流。四是对生产、生活性服务业纳税人按当期可抵扣进项税额加计10%，抵减应纳税额。2019年8月，明确自2019年6月1日起，对符合条件的部分先进制造业纳税人，可以自2019年7月及以后纳税申报期向主管税务机关申请退还增量留抵税额。2019年9月，明确自2019年10月1日至2021年12月31日，允许生活性服务业纳税人按照当期可抵扣进项税额加计15%抵减应纳税额。通过实施以上措施，确保主要行业税负明显降低，确保部分行业税负有所降低，确保所有行业税负只减不增。

深化增值税改革是2019年实施更大规模减税降费的“重头戏”，在减轻企业负担、支持实体经济发展、激发市场主体活力等方面发挥了重要作用。一是切实减轻了企业负担。深化增值税改革自2019年4月1日实施以来减税效应持续显现，截至2019年9月底共减税5851亿元，减税额占前三季度全国累计新增减税的近40%，平均减税面超过95%。所有行业均实现减税，其中制造业及其相关的批发业由于税率下调3个百分点受益最大；建筑业、交通运输业等行业税率下调1个百分点后均不同程度减税；受益于三项配套措施的积极作用，在此次改革中未调整税率的生产和生活性服务业及其各细分小行业也全部减税。二是有力支持了实体经济发展。制造业及其相关的批发业减税额占深化增值税改革全部减税额的比重超过60%，充分彰显了本次深化增值税改革重点聚焦实体经济的特点；实施增值税留抵退税也有力缓解了制造业企业的资金压力，有助于企业进一步增大投资及扩大生产规模。2019年前三季度，全国规模以上工业增加值同比增长5.6%，其中高技术制造业增加值同比增长8.7%。三是显著激发了市场主体活力。深化增值税改革减税成效充分彰显了政府以“真金白银”支持企业发展的决心，有效稳定了市场预期。2019年4—9月税收数据显示，深化增值税改革实施以后的全国增值税一般纳税人户数增速，显著快于2018年实施增值税降率和2016年全面推开营改增试点后的一般纳税人户数增速，反映深化增值税改革在涵养税源、扩大税基方面的溢出效应正逐步显现。

完善企业所得税制度

通过完善涉外企业所得税、实施统一内资企业所得税、合并内外资企业所得税等改革，更好发挥了企业所得税在组织财政收入、实施国家宏观调控、调节收入分配关系、促进经济高质量发展等方面的作用。

完善涉外企业所得税。1980年9月10日，五届全国人大第三次会议通过《中华人民共和国中外合资经营企业所得税法》，并于当日起施行。这是我国首次通过全国人民代表大会制定的税收法律，为维护我国税收权益、促进合资经营企业发展提供了法律依据。1981年12月13日，五届全国人大第四次会议通过《中华人民共和国外国企业所得税法》，规定自1982年1月1日起对中外合作生产、经营的外方合作者和外国企业的所得征收企业所得税。这两部法律体现了我国的对外开放政策，促进了引进外资和发展外向型经济。1991年4月9日，七届全国人大第四次会议通过《中华人民共和国外商投资企业和外国企业所得税法》，自1991年7月1日起施行，实现涉外企业所得税的“两法合并”，并实现了“三个统一”：统一税率为33%，统一税收优惠待遇，统一税收管辖原则。

统一内资企业所得税制度。1994年税制改革中，我国将原按照企业所有制性质分设的所得税合并为统一的内资企业所得税，均实行33%的税率，规范税前扣除项目和标准，统一减免税和税收优惠，制定统一的企业所得税暂行条例。

合并内外资企业所得税制度。2007年3月16日，十届全国人大第五次会议审议通过《中华人民共和国企业所得税法》，结束了多年来内外有别的企业所得税制，为促进内外资企业公平竞争创造了良好的税制环境。新企业所得税法参照国际通行做法，实现了内外资企业所得税的“五个统一”：即统一税法并适用于所有内外资企业；统一并适当降低企业所得税税率；统一并规范税前扣除范围和标准；统一税收优惠政策，建立产业优惠为主、区域优惠为辅的新税收优惠体系；统一并规范征管办法。

具体内容主要包括：第一，建立法人所得税制度。明确居民企业在中国境内设立不具有法人资格的营业机构的，应当汇总计算并缴纳企业所得税。改变了长期以来以“独立核算”作为判断内资企业是否为企业所得税纳税人的传统标准，并使内外资企业的纳税方式得以统一。第二，以居民企业和非居民企业为标准确定纳税义务。明确居民企业负全面纳税义务，就来源于中国境内外的所得缴纳企业所得税；非居民企业负有限纳税义务，仅就来源于中国境内或与之相关的所得缴纳企业所得税。第三，实行适中偏低的税率。改变过去税率档次过多、不同类型企业名义税率和实际税负差距较大的状况，结合我国财政承受能力、企业负担水平，同时考虑当时世界上其他国家和地区实际税率水平等因素，将企业所得税税率确定为适中偏低的25%，继续保持我国税制的国际竞争力。第四，统一税前扣除和规范税基。对企业实际发生的各项支出扣除作了统一规范，企业所得税的税基实现了规范和统一。第五，建立税收优惠政策新格局。对税收优惠政策进行了全面调整，将过去企业所得税以区域优惠为主的格局，转为以产业优惠为主、区域优惠为辅，兼顾社会进步的税收优惠新格局。第六，完善反避税制度。在完善过去转让定价和预约定价法律法规的基础上，借鉴国外反避税立法经验，结合我国税收征管实践，作了具体规定。第七，实施务实的过渡期政策。规定对税法公布以前享受低税率和定期减免税优惠的企业，给予过渡期政策。

《中华人民共和国企业所得税法》的颁布实施，不仅标志着我国统一、规范、公平的企业所得税制度的建立，而且降低了内资企业所得税税负，创造了公平的税收环境，促进了经济发展方式转变和产业结构调整，提高了利用外资的质量和水平，对进一步完善社会主义市场经济体制、促进经济社会发展和民生改善起到了重要作用。

逐步建立综合与分类相结合的个人所得税制

个人所得税具有调节收入分配、促进社会公平的重要功能。历次个人所得税制度的改革和完善，对减轻中低收入人群税负，扩大中等收入群体规模，加大对高收入者的调节力度均发挥了重要作用。

1980年9月，五届全国人大第三次会议通过《中华人民共和国个人所得税法》，决定征收个人所得税并制定800元/月的工资薪金所得减除费用标准。1993年以来，我国先后七次修改个人所得税法，前六次的修改主要集中在提高工资薪金所得费用减除标准等方面。

2018年8月，我国开始实施综合与分类相结合的个人所得税制改革，对《中华人民共和国个人所得税法》进行第七次修改，这是新中国历史上覆盖面最广、力度最大，以减税为主题的个人所得税改革。此次改革分两步实施，第一步是从2018年10月起，大幅提高工资薪金所得费用减除标准至每月5000元并适用新的税率表，进一步优化了部分税率级距；第二步是从2019年1月起，增加住房、教育、医疗、赡养老人等六项专项附加扣除项目，实现了税制模式的根本变革。

2018年12月13日，国务院印发《个人所得税专项附加扣除暂行办法》，明确了六项专项附加扣除的原则和扣除范围、扣除标准、扣除方式，以及保障措施等内容。在子女教育方面，纳税人子女从年满3岁开始一直到整个全日制学历教育阶段的支出，按照每孩每月1000元标准扣除。在继续教育方面，纳税人接受学历学位继续教育的，按每月400元的标准扣除，接受技能人员和专业技术人员职业资格继续教育的，在取得证书的当年按3600元的标准扣除。在大病医疗方面，纳税人或其配偶、未成年子女医保目录范围内自付的医药费用超过1.5万元部分，在每年8万元限额内据实扣除。在住房贷款利息方面，纳税人或其配偶发生的首套住房贷款利息支出按每月1000元的标准扣除。在住房租金方面，按所在城市不同，分别按每月800元、1100元、1500元的标准扣除。在赡养老人方面，独生子女按每月2000元的标准扣除，非独生子女与其兄弟姐妹按照每月2000元的标准分摊扣除，但每个人的分摊额度不能超过1000元。

为适应综合与分类相结合的个人所得税改革，税收征管手段和模式也进行了相应调整。2018年10月，上线运行全国统一的自然人税收管理系统；结合国税地税征管体制改革，加强个人所得税征管力量配置；初步建立"代扣代缴、自行申报、汇算清缴、多退少补、优化服务、事后抽查"的征管模式，为新税制的实施保驾护航。特别是推动实现自然人税收管理的多部门共建共治共享，与公安、教育、卫生、医疗保障、民政、人社、发改、住建、人民银行、金融监管等10余个部门建立常态化的共享信息、协助查验和实施信用联合惩戒机制。

新个人所得税制实现了从分类税制向综合与分类相结合税制的重大转变。概括来说，一是建立了综合所得按年征收制度，将工资薪金、劳务报酬、稿酬和特许权使用费4项所得纳入综合征税范围按年计税，适用统一的超额累进税率。二是适当提高基本减除费用标准，让广大纳税人都能够不同程度地享受到减税红利，特别是中等收入以下群体获益更大。三是围绕与人民群众密切相关的支出领域，首次设立专项附加扣除，有利于推动实现学有所教、病有所医、老有所养、住有所居。四是调整优化税率结构，综合考量综合所得、经营所得、小微企业的税负平衡，扩大了综合所得和经营性所得的税率级距，与基本减除费用标准、专项附加扣除一起，做到“三管齐下”“三重降负”，更好地发挥个人所得税调节收入分配的作用。

个人所得税制改革增加了居民可支配收入，促进了社会分配公平，刺激了消费需求增长，改革效应非常明显。一是直接增加了居民收入。2019 年 1—9 月，个人所得税改革新增减税 4426 亿元，人均新增减税 1764 元。二是各层级收入群体均享受减税红利。在累进税率作用下，不同层级的收入群体均获得了减税红利，较好地稳定了各层级收入群体的消费预期，既保障了较低收入群体的生活型消费，又巩固了中等收入群体的发展型消费，还助力了高收入群体的升级型消费。国家统计局数据显示，2019 年 1—9 月，居民人均食品、衣着、生活用品等生活型消费支出增长 310 元；限额以上单位化妆品、通信器材和家用电器类商品零售额分别增长 12.8%、6.4% 和 5.9%；居民人均教育和文娱、医疗和保健消费支出占总消费支出比例分别上升至 11.4%、9.1%，分别增长 0.5 个和 0.2 个百分点。三是专项附加扣除政策促进民生消费品质提升。如缓解居民房贷房租支出压力，帮助居民改善居住环境，

2019年前三季度居民人均居住消费支出为3607元，同比增加了338元。

积极构建“绿色税制”体系

随着人们对生态环境重要性认识的不断加深，我国生态文明建设逐步推进，税制也相应加以改革。特别是党的十八大以来，以习近平同志为核心的党中央大力推进生态文明建设，决心之大、力度之大、成效之大前所未有。党的十八届三中全会、四中全会明确提出，推动环境保护费改税，用严格的法律制度来保护生态环境。党的十九大提出，必须树立和践行绿水青山就是金山银山的发展理念，坚持节约资源和保护环境的基本国策，像对待生命一样来对待生态环境。税务部门坚决落实党中央、国务院决策部署，充分发挥税收职能作用，推动完善“绿色税制”体系，支持绿色发展，建设美丽中国，助力打赢污染防治攻坚战。

资源税改革。资源税改革是践行绿色发展理念的重要举措。我国从1984年开始征收资源税。1994年税制改革将盐税并入资源税，资源税征税范围扩大到原油、天然气、煤炭、其他非金属矿原矿、黑色金属矿原矿、有色金属矿原矿和盐等七大类，并重新核定从量税额标准，实行“普遍征收、级差调节”。2010年以来，我国对油气实施资源税从价计征改革。2014年12月1日，我国在全国实施煤炭资源税清费立税、从价计征改革。为保护我国稀土等战略资源，2015年5月1日实施稀土、钨、钼资源税清费立税、从价计征改革。2016年7月1日起，对矿产资源和盐全面实施清费立税、从价计征改革，并在河北省试点开征水资源税。自2017年12月1日起，在北京等9个省（自治区、直辖市）实施扩大水资源税改革试点。水资源税制设计基本上承接了水资源费的征收对象、计征方法和征收标准等税制要素，用“三不变”（改革后居民正常生活用水负担不变，工农业正常生产用水负担不变，城镇公共供水企业负担基本不变）确保改革的平稳推进。同时，通过设置差别税率抑制地下水超采和不合理用水需求。征收水资源税生态意义、绿色意义重大。水资源税试点实施以来，一定程度上减少了地下水的开采，促进水资源管理逐步规范，增强了企业节水意识。2019年上半年，我国水资源税试点地区纳税人取用地下水量同比下降18.3%。2019年8月26日，十三届全国人大常委会第十二次会议表决通过了《中华人民共和国资源税法》，自2020年9月1日起施行。资源税法充分吸收了改革成果，对促进我国资源合理利用，推动资源和社会的协调发展，以及保护纳税人合法权益等方面都具有重要意义。

环境保护税开征。《中华人民共和国环境保护税法》是党的十八届三中全会提出“落实税收法定原则”要求后，全国人大常委会审议通过的第一部单行税法，也是中国第一部专门体现“绿色税制”、推进生态文明建设的单行税法，既承载着助力保护和改善环境的功能，又承载着人民群众对“天更蓝、山更绿、水更清”的美好期待。开征环境保护税的主要目的是让企业既算经济账又算环境账，使高污染、高排放企业加速绿色转型，让清洁生产的企业获得发展先机。环境保护税对直接向环境排放污染物的行为征税，覆盖了大气污染物、水污染物、固体废物和噪声 4 类主要污染物、100 多种主要污染因子。由于环境保护税以污染物为征税对象，无法直接查账征税，与税务机关征收的其他税种有明显差异。为此，环境保护税法通过科学设定各方责任，最大程度凝聚税收共治合力，形成了“税务征管、企业申报、环保监测、信息共享、协作共治”的全新征管机制。环境保护税的开征是落实党的十九大“必须树立和践行绿水青山就是金山银山的理念，坚持节约资源和保护环境的基本国策”的重要举措，是发挥税收杠杆作用，健全地方税体系的重要手段，也是最严格生态环境保护制度的重要体现，对促进污染物集中处理，企业清洁生产和环境治理能力现代化起到了重要作用。数据显示，2019 年上半年全国 31.8 万户纳税人户均排放的大气、水、土壤污染物较上年同期明显减少。

环境保护税征税对象及计税依据

消费税改革。消费税是调节产品结构、引导消费导向和保证财政收入的重要税种。为促进消费结构改善、资源综合利用，我国不断完善消费税制。在节能环保方面，提高成品油消费税税率，抑制了成品油消费快速增长的势头，调节消费作用显著。将具有污染的电池、涂料产品纳入消费税征收范围，对无汞原电池、锂电池等免征消费税，有利于节能环保型产品的普及和发展。在引导健康消费方面，提高卷烟批发环节从价税税率，实现了增税和控烟效应的双赢。

耕地占用税法施行。耕地占用税自 1987 年开征以来，对保护耕地、合理利用土地资源、加强土地管理发挥了重大作用。2018 年 12 月 29 日，十三届全国人大常委会第七次会议通过了《中华人民共和国耕地占用税法》，自 2019 年 9 月 1 日起施行，实现了耕地占用税从行政法规上升为法律的目标。耕地占用税法明确了纳税义务发生时间、减免税事项、涉税信息共享和部门配合机制，强化了主体责任，为我国严守耕地“红线”提供了制度保障。

其他税种政策协同发力。如对符合标准的节约能源乘用车、商用车、船舶和其他车辆减半征收车船税；对使用新能源车船免征车船税；对购置已列入《免征车辆购置税的新能源汽车车型目录》的新能源汽车免征车辆购置税；增值税、企业所得税、进出口税收等都对绿色环保行为予以税收优惠，同样体现出了“绿色税制”的特点，对促进环境保护发挥了积极的引导作用。

实施更大规模减税降费

2019年实施的更大规模减税降费是以习近平同志为核心的党中央审时度势，在错综复杂的国内外形势下作出的重大部署，是应对经济下行压力的重大财税政策抉择，是推动高质量发展的重大经济战略决策，更是事关国家治理全局的重大政治决断，充分体现了党中央、国务院高瞻远瞩的大手笔、大智慧、大韬略。习近平总书记高度重视减税降费工作，特别是2018年11月民营企业座谈会召开以来，先后多次对减税降费作出重要指示批示。2019年3月5日，国务院《政府工作报告》宣布减税降费具体举措之后，李克强总理、韩正副总理先后多次到财税部门和地方调研，主持召开多个座谈会了解减税降费情况，听取意见建议，督促指导抓好落实。

2019年新增减税降费政策共涉及12个税种，19个费种（均属国务院确定的项目，不含一些用能用地用网、物流交通等方面收费以及地方出台的降费项目）。主要由三个部分组成：一是2019年新出台的政策。可概括为“1+3+N”：“1”是指深化增值税改革。“3”是指个人所得税第二步改革、小微企业普惠性税收减免、降低社会保险费率，其中，直接降低社会保险费率的措施主要有两项：一方面是降低养老保险的单位缴费比例。从2019年5月1日起，城镇职工基本养老保险，包括企业和机关事业单位，单位缴费比例高于16%的省份可降至16%。另一方面是已经实施的阶段

权威声音

2019年3月12日上午国家税务总局局长王军在全国两会“部长通道”接受媒体采访

党中央、国务院高度重视实施更大规模的减税降费工作。2018年11月以来，习近平总书记多次就实施更大规模减税降费作出重要指示、批示，提出明确要求。李克强总理在2019年3月5日的《政府工作报告》中公布了近2万亿元的一揽子大规模减税降费的系列举措。这是一次实打实、硬碰硬更大规模的减税降费。税务部门必须把减税降费实打实、硬碰硬地落地。

性降低失业保险和工伤保险费率的政策延期一年到2020年的4月

30日。"N"是指针对若干重点领域和薄弱环节出台的专项减税降费政策，主要涉及鼓励创新、改善民生、促进环保三个方面。二是2018年已实施的对2019年形成翘尾影响的政策。主要包括：2018年5月1日起增值税原17%、11%税率分别下调为16%、10%，2018年10月1日起实施的个人所得税第一步改革，以及一些降费翘尾政策。这些政策的减收效果既体现在2018年后几个月，也对2019年前几个月形成翘尾影响。三是2018年到期后在2019年又延续实施的政策。主要有18项，具体涉及支持文化企业发展、公共租赁住房建设运营、农村饮水安全工程建设等文化社会事业和民生领域。

与国内历次减税比较，2019年的减税降费主要体现了四个"前所未有"的特点：一是力度规模之大前所未有。2019年新增减税降费规模相当于2018年的两倍，其中，全年新增减税接近2003年的财政收入。二是惠及范围之广前所未有。这次减税降费既利企业又惠个人，既利经济又惠民生，各类市场主体、广大人民群众都能分享减税红利。深化增值税改革、降低社会保险费率均惠及所有行业，个人所得税减税惠及工薪阶层，普惠性特征明显。三是优惠方式之多前所未有。在税基式减免的基础上，特别突出了税率式和税额式减免，减税方式更加直接显化。增值税留抵退税也从临时性措施上升为制度性安排。四是实施操作之难前所未有。从政策上看，项目多、时间紧，且持续密集出台，部分政策从正式发布到实施不到10天；从操作流程上看，工序多、战线长，且需一遍遍反复，经常是刚落实好上一个政策，下一个政策又接踵而来；从具体推进上看，部门多、统筹难，且情况差异复杂，不同政策需要协同推进的事项各不相同。

为确保党中央、国务院的重大决策部署落实到位，税务部门把确保减税降费落地生根作为2019年税收工作主题，朝着“政策制定要实，简明操作要实，宣传辅导要实，优化服务要实；信息系统要硬，数据账本要硬，检查问题要硬，改进完善要硬”的“四实、四硬”目标，建立了“九个一”的统一高效指挥机制，即：一面旗引领，坚持以党的政治建设为统领，把加强党的领导贯穿于落实减税降费全过程；一盘棋统筹，各级税务局均成立由主要负责同志任组长的减税降费工作领导小组，下设办公室和若干工作小组，抽调精兵强将实行集中办公；一张表推进，各级减税办都有一张表，逐一明确重点任务、时间期限、责任单位和人员，对各级单位各项工作都严格对表推进、到点验收；一竿子到底，针对税务系统点多、线长、面广的特点，对重点任务、重点事项，坚持做到从总局到省市县局制发文件、业务培训、工作推进、日常抽查“一竿子到底”；一揽子服务，坚持“政策未行、服务先行，政策落地、服务落细”的要求，不断完善服务举措、加强宣传辅导，确保纳税人、缴费人“懂政策、能申报、会操作”；一个口答疑，国家税务总局通过300个基层直连点、12366纳税服务热线等开辟专门的问题收集渠道，建立统一解答、统一解决机制，确保相关问题能第一时间妥当处理好；一把尺核算，重新构建了减税降费统计核算分析体系，建立全国统一口径且分户到企业的核算分析新系统，确保数据客观真实，能经得起监督和检验；

一体式督导，经报中共中央办公厅、国务院办公厅批准，国家税务总局于2019年7月对全系统组织开展了一次减税降费综合督查；一股绳聚力，各级税务机关积极争取各地区、各部门的理解支持，推动构建落实减税降费的协同共治格局。

2019年的减税降费促进了企业减负、居民增收和就业增加，有效激发了市场活力，对对冲经济下行压力、做好“六稳”、保持经济运行在合理区间发挥了重要支撑作用。从2019年前三季度看，全国累计新增减税降费17834亿元。其中新增减税15109亿元，新增社会保险费降费2725亿元。一是减税降费落地生根，稳定了经济发展预期。税务部门调查数据显示，92.2%的纳税人认为减税降费对企业生产经营活动产生了积极影响，提振了市场主体信心。二是研发投入快速增加，激发了科技创新活力。税务部门监测的10万户重点税源企业前三季度研发费用同比增长19.3%，增幅较2018年全年提高3.4个百分点。三是民营经济深享红利，厚植了向好发展基础。前三季度，包括民营企业和个体经济在内的民营经济纳税人新增减税9644亿元，占减税总规模的64%，受益最大。四是居民消费能力提升，拉动了社会消费增长。前三季度，个人所得税改革新增减税4426亿元，累计人均减税1764元。个人所得税的减少，直接增加了居民收入，提升了居民消费能力。五是市场主体活力激发，助力了社会就业稳定。国家税务总局数据显示，前三季度，全国新增市场主体（含个体工商户）办理过涉税事项的有776.7万户，月均新增86.3万户。此外，出口企业受益明显，经营压力得到了有效缓解。前三季度，出口企业累计享受减税2742亿元，同时受出口退税率两次提高的利好，出口企业增加出口退（免）税409亿元。

不断完善服务高质量发展的税收政策

多年来，税收政策在发挥税收调控作用、支持经济社会发展方面作出了积极贡献。特别是党的十八大以来，我国相继制定出台了系列税收政策，为支持高质量发展提供了有力保障。

支持“大众创业、万众创新”的税收政策。推进“大众创业、万众创新”，是发展的动力之源，也是富民之道、公平之计、强国之策。税收作为调控经济的重要杠杆在“大众创业、万众创新”中发挥了重要作用，助推“大众创业、万众创新”成为我国经济增长的新引擎。为方便纳税人及时了解掌握税收优惠政策，更好发挥税收助力“大众创业、万众创新”的作用，国家税务总局于2017年4月发布了《“大众创业 万众创新”税收优惠政策指引》，并于2019年6月作了修订，归集了截至2019年6月底我国针对创新创业主要环节和关键领域陆续推出的89项税收优惠政策措施，其中包含2013年以来新出台的78项税收优惠，具体包括促进创新主体孵化、促进创业资金聚合、促进创新人才集聚、促进创新能力提升等方面，覆盖了企业从初创到发展的整个生命周期。广大纳税人可以对照指引，选择适合自身发展的税收优惠，充分享受政策红利。

支持脱贫攻坚的税收政策。打好脱贫攻坚战，是党中央面向决胜全面建成小康社会作出的一项重大战略决策。为了深入贯彻习近平总书记关于打赢脱贫攻坚战系列重要讲话精神，认真落实国务院关于加大精准扶贫工作力度的部署要求，国家税务总局于2018年发布《关于进一步做好税务系统脱贫攻坚工作的通知》，从发挥税收职能作用、加强扶贫资金使用管理和加强税务系统扶贫管理等方面，全面部署税务系统做好扶贫工作。为便于纳税人充分知晓脱贫攻坚有关税收优惠政策，国家税务总局系统梳理国家推动脱贫攻坚的六方面110项税收优惠政策，包括支持贫困地区基础设施建设、推动涉农产业发展、激发贫困地区创业就业活力、推动普惠金融发展、促进“老少边穷”地区加快发展、鼓励社会力量加大扶贫捐赠等方面政策，形成并发布了《支持脱贫攻坚税收优惠政策指引》，分门别类列出享受主体、政策内容、享受条件，纳税人按图索骥即可享受优惠。

支持小微企业发展的税收政策。小微企业数量大、分布广、类型多，在增加就业、促进经济增长和科技创新等方面具有不可替代的作用。为扶持小微企业发展，切实减轻企业税负，2012年以来，我国持续加大对小微企业税收减免的力度。对小型微利企业所得税减半优惠的应纳税所得额上限由3万元依次提高到6万元、10万元、20万元、30万元、50万元、100万元、300万元。对小型微利企业年应纳税所得额不超过100万元的部分在原来减半征收的基础上，采取了“减半再减半”的优惠方式，100万元到300万元的部分，减半征收。小微企业暂免征收增值税的月销售额从5000元依次提高至2万元、3万元、10万元。同时进一步放宽了小型微利企业的认定标准；对增值税小规模纳税人，在50%的幅度内减征地方“六税两费”；将投资初创科技型企业享受优惠政策的范围进一步扩展。为降低中小企业融资负担，国家实施了一系列税收扶持措施，例如，对符合条件的小额贷款公司取得农户小额贷款利息收入实行增值税、企业所得税优惠；对金融机构中小企业贷款损失专项准备金，允许在企业所得税税前扣除；等等。

延伸阅读

减征“六税两费”

2019年1月9日，国务院常务会议决定，从2019年1月1日起至2021年12月31日，允许各省（区、市）政府对增值税小规模纳税人在50%幅度内减征“六税两费”。“六税两费”即资源税、城市维护建设税、房产税、城镇土地使用税、印花税（不含证券交易印花税）、耕地占用税和教育费附加、地方教育附加。

支持社会民生事业发展的税收政策。国家先后出台了一系列推动体育、医疗、养老等事业发展的税收政策，为社会事业发展和民生改善助力加油。一是促进体育事业发展。先后对青奥会、亚青会、亚运会、大运会、奥运会等重大体育赛事给予税收支持，对发行体育彩票的收入不征税，对个人购买体育彩票中奖收入不超过一定数额的，暂免征收个人所得税。二是促进卫生事业发展。规定对红十字会接受救助和捐赠物资，可以享受减免税。对疾病控制和妇幼保健卫生机构、非营利性卫生服务机构、社区卫生服务机构予以税收支持，对防治“非典”和生产、进口抗艾滋病毒药物予以免税。三是支持养老等事业发展。对养老院、福利性和非营利性老年服务机构，给予减免税优惠。鼓励向非营利性养老机构捐赠。对包括养老在内的生活性服务业出台加计抵减措施，对养老家政托育等与民生密切相关的领域出台针对性的多税种优惠政策。对企业和个人按照规定提取并实际缴付的住房公积金、医疗保险金和基本养老保险金，免征个人所得税。对保险公司开展一年期以上返还本利的人寿保险、养老年金保险、健康保险减免税收。

助力区域协调发展的税收政策。改革开放后，国家先后实施了支持区域发展的税收政策。党的十八大以来，国家又实施了一系列税收优惠政策。一是助力实施西部大开发战略。对设在西部地区的以《西部地区鼓励类产业目录》中规定的产业项目为主营业务的企业，减按15%的税率征收企业所得税。二是支持贫困地区和革命老区发展。向国家扶贫开发工作重点县、集中连片特困地区县和建档立卡贫困村的捐赠货物免征增值税，捐赠支出准予在企业所得税税前据实扣除。易地扶贫搬迁贫困人口取得安置住房免征契税。按规定取得住房建设补助资金、拆旧复垦奖励资金等免征个人所得税。同时，对设在赣州市的鼓励类产业企业减按15%的税率征收企业所得税。革命老根据地、少数民族聚居区和边远贫困山区生活困难的农村居民，新建住宅缴纳耕地占用税确有困难的，可以免征或者减征耕地占用税。三是促进民族和边疆地区加快发展。允许民族自治地方的自治机关减征或者免征企业所得税中属于地方分享的部分。边民通过互市贸易进口的生活用品，在限额内可以免征进口关税和进口环节税，等等。四是鼓励部分地区创新突破。如对设在前海深港现代服务业合作区、横琴新区、平潭综合实验区现代服务业合作区的鼓励类产业企业减按 15% 的税率征收企业所得税。在海南省实施离岛旅客免税购物政策，对离岛旅客实行限次、限值、限量和限品种免进口税购物。五是推进建立区域协调发展新机制。出台京津冀协调发展产业转移对接企业税收收入分享办法，实施粤港澳大湾区个人所得税优惠政策，通过税收政策及征管服务创新举措，推动区域协同发展。

为民之情

——纳税服务是如何不断优化的？

为民，是共产党人的基本立场。优化纳税服务，是税务部门践行以人民为中心发展思想的具体体现。中华人民共和国成立之后，特别是党的十八大以来，伴随着社会主义市场经济的发展、民主法治进程的加快和行政管理体制改革的深化，纳税服务工作不断实现与时俱进和创新突破。这一发展历程，体现为服务理念的推陈出新、服务制度的优化完善、服务手段的迭代升级、服务举措的多元创新，体现为税收领域“放管服”改革的不断深化和税收营商环境的持续改善，体现为纳税人、缴费人满意度和获得感的不断提升。

纳税服务发展历程

税务部门是重要的经济管理部门，直接面对广大纳税人。税务部门的服务水平，关系到党和政府的形象。改革开放以后，随着对征纳关系和纳税服务重要性的认识逐步深化，税务机关日益重视做好纳税服务工作。1986年，财政部税务总局下发《关于在基层税务部门实行开放办税制度的意见》，对纳税服务提出要求。1997年，国务院办公厅转发国家税务总局关于深化税收征管改革的方案，明确提出将优化服务作为税收征管的基础性工作。随后，修订后的《中华人民共和国税收征收管理法》及其实施细则对税务机关优化纳税服务和保护纳税人合法权益进一步提出要求，表明纳税服务已经成为税务行政执法的重要组成部分，是必须履行的法律责任。

进入 21 世纪以来，党中央、国务院多次强调，要加快行政体制改革，着力转变职能、理顺关系、优化服务、提高效能，特别是完善公共服务体系，强化社会管理和公共服务职能。这对税务部门改进和优化纳税服务工作提出了新要求。2008 年，国家税务总局成立纳税服务司，由其主管全国纳税服务工作。2009 年 7 月，国家税务总局召开全国税务局长会议，第一次以纳税服务为主题，比较系统地明确了纳税服务的工作理念、工作思路、工作重点。随后，国家税务总局制定《全国税务系统 2010—2012 年纳税服务工作规划》，明确了新时期纳税服务工作的总体要求、主要任务和保障措施，要求税务部门秉承“始于纳税人需求、基于纳税人满意、终于纳税人遵从”的服务理念，推动建立以纳税人正当需求为导向，以持续提高纳税人满意度和税法遵从度为目标，以办税服务厅、税务网站和纳税服务热线为平台，以税法宣传、纳税咨询、办税服务、权益保护、信用管理、社会协作为任务，以健全组织、完善制度、优化平台、提高能力、强化预算、细化考核为保障，即“一个导向、两个目标、三个平台、六个任务、六个保障”的纳税服务新格局。同时，先后发布了纳税信用等级评定管理、办税服务厅管理、纳税人涉税保密信息管理、纳税服务投诉管理、办税公开等方面的制度和办法，为优化纳税服务提供了依据和保障。各地税务机关按照规划部署，明确纳税服务岗位职责和标准，不断改进和优化纳税服务，进一步开创纳税服务工作新局面。

党的十八大提出建设职能科学、结构优化、廉洁高效、人民满意的服务型政府，进一步将服务型政府建设的内容具体化。党的十八届三中全会提出让市场在资源配置中起决定性作用和更好发挥政府作用，明确把服务型政府建设作为国家治理体系和治理能力现代化的重要组成部分。2015 年，国务院提出简政放权、放管结合、优化服务的工作要求，之后连续五年召开全国电视电话会议部署“放管服”改革工作，并部署做好接受世界银行营商环境评价工作。

按照党中央、国务院关于深化“放管服”改革、优化营商环境的部署要求，2017 年 8 月，国家税务总局召开会议，专门对进一步深化税务系统“放管服”改革、优化税收环境作出部署，研究制定《关于进一步深化税务系统“放管服”改革 优化税收环境的若干意见》，先后分三批出台 66 项具体措施，推动税务系统“放管服”改革不断深化。2018 年 9 月，国家税务总局制发《全国税务系统进一步优化税收营商环境行动方案（2018 年—2022 年）》，从减少纳税次数、压缩纳税时间、减轻税费负担、优化税后流程、规范税收执法等 5 个方面，提出合并征缴税种、简化办税流程、推进发票改革、推进“一网、一门、一次”改革、信息同步共享、加强纳税信用管理、加强后续监管等 18 类工作事项、

58 项具体措施，勾画出税收营商环境建设的五年规划。同年 12 月，国家税务总局制发《全国税务系统深化“放管服”改革五年工作方案（2018 年—2022 年）》，聚焦业务体系瘦身、征管方式转变、信息系统优化等重点内容，集成推出 181 项改革措施，描绘了到 2022 年建成具有中国特色的纳税服务体系、税收征管体系和信息化体系的规划。

总的来看，在党中央、国务院的坚强领导下，税务部门聚焦纳税人和缴费人普遍关心的问题，以全面深化税务系统“放管服”改革、优化税收营商环境为目标，实现了纳税服务工作的与时俱进和重大突破，提高了纳税人、缴费人满意度和税法遵从度。

在工作理念上，提出“以纳税人为中心”“纳税人所盼、税务人所向”“让纳税人在各级税务机关得到的服务，比期望的要好并持续向更好方向发展”“相信纳税人、敬重纳税人、依靠纳税人、服务纳税人”“最大限度便利纳税人、最大限度规范税务人”“以税务人的辛苦指数来换取纳税人的满意指数”“放要彻底且有序、管要规范且有效、服要优质且有感、放管服三措并举且有联”等新的服务理念，促进纳税服务工作有了新的提升。

在组织体系上，为进一步加强纳税服务力量，在 2018 年国税地税征管体制改革中，在机构大幅精简的情况下，特别注重加强了纳税服务机构设置和力量配备。省税务局均设立了纳税服务处和纳税服务中心，市税务局均设立了纳税服务科，部分市税务局也设立了纳税服务中心，并充实优化了县税务局直接面对纳税人的办税服务厅设置，使纳税服务体系上下左右有效衔接、协调运转，为更加优质高效地服务广大纳税人和缴费人，提供了强有力的组织和人力保障。

在工作方式上，通过连续6年实施“便民办税春风行动”，聚焦纳税人需求不断推出改进和优化纳税服务的举措，进一步加大便民办税力度；通过深化税务行政审批事项改革、推行办税事项“最多跑一次”，精简业务事项、报送资料和表证单书，进一步加大简政放权力度；通过连续开展税收宣传月活动并采取与日常宣传相结合、与重点工作相契合、与多元载体相融合的方式，进一步加大税收宣传力度；通过做优做强12366纳税服务热线，进一步加大政策辅导力度；通过推进政府信息公开、加强办税服务厅监控管理、持续抓好纳税人投诉办理工作，进一步加大权益保护力度。

在工作成效上，自2008年开始，国家税务总局委托第三方机构就税务机关在税法宣传、纳税咨询辅导、涉税审批、税收执法、税收政策落实、税收法律救济等方面的工作情况，每两年开展一次调查，并自2014年起采取一年全国性调查、一年专项调查交替开展的方式，不断扩大调查范围、改进调查方式，对改进纳税服务工作起到了积极的推动作用。结果显示，全国税务部门纳税人满意度得分稳步提高，从2008年的76.93分提高至2019年的84.82分。世界银行营商环境报告结果显示，从2006年到2019年，我国的纳税指标排名累计上升了63位。其中，纳税次数指标排全球第16位，已居世界前列；纳税时间指标排名全球第47位，超过OECD成员平均水平。

纳税服务规范化建设持续升级

从“十一五”时期开始，国家税务总局逐步推进纳税服务规范化建设。2009年8月，国家税务总局编制《办税服务厅管理办法（试行）》和《办税服务厅服务规范手册》，对办税公开、导税服务、全程服务、限时服务、延时服务、预约服务、提醒服务、首问责任制、一次性告知、应急服务10项基本服务制度和网上办税、联合办税、同城通办、绿色通道等延伸服务制度进行了明确。之后，陆续推出了纳税信用管理、纳税服务投诉管理、涉税专业服务监管等方面的制度和办法。党的十八大以来，特别是2014年第二批党的群众路线教育实践活动期间，针对税务干部和纳税人普遍反映的办税程序和服务标准仍然不够规范、国税与地税之间不一样、“一地一个打法”“一人一个说法”等问题，国家税务总局进一步加大了纳税服务规范化建设力度，并不断升级，持续发展完善。

制定纳税服务规范，迈出规范化管理的步伐。2014年，在借鉴国际纳税服务的有效做法的基础上，着眼于县税务局处于税收工作前沿、直接面对广大纳税人的实际，以我国现行法律法规为依据，参考服务行业标准体系，形成了《全国县级税务机关纳税服务规范》。该规范立足面向纳税人的前台服务，以纳税人申请事项为出发点，规范了9大类212小类1120个办税流程，使纳税服务走向统一、规范和文明，同时使纳税人报送的资料、办税环节、办税次数、办税时间等平均减少30%以上，部分减少40%以上，让纳税人无论在哪里都能享受到标准统一、热情周到、方便高效的纳税服务。《全国县级税务机关纳税服务规范》的出台，为各级税务机关标准化、集约化地开展纳税服务工作提供了有效的制度支撑。

延伸阅读

纳税服务“战国时代”的终结

2014年10月1日，《全国县级税务机关纳税服务规范》正式发布并在全国近4000个县级税务机关开始试行。对其意义，国家税务总局局长王军用了一个形象的比喻，“打造统一、标准的纳税服务规范，结束了各地办税流程不统一的‘战国时代’，迈入了全国统一标准的‘车同轨、书同文’时代”。

升级纳税服务规范，确保规范化管理持续推进。2015年3月，国家税务总局在充分吸收前期《全国县级税务机关纳税服务规范》试行经验的基础上，推行了覆盖省、市、县三级税务机关的《全国税务机关纳税服务规范（2.0版）》，取得了“三个一”的效果：统一了“一个标准”，使不同区域、不同群体的纳税人到任何一个税务机关办理税务登记、税务认定、发票领用、申报纳税、税收优惠、税务证明等涉税事项时，都能享受到基本一致的标准化服务；找到了“一把尺子”，使各地税务机关办税中的随意性大为减少，有效解决了服务水平不均衡问题；打通了“最后一公里”，纳税人减少报送资料、办税环节、办税次数、办税时间均达30%以上，增加即办事项50%以上，有效解决了打通服务纳税人的“最后一公里”问题。

2019年8月，以开展第一批“不忘初心、牢记使命”主题教育为契机，聚焦“为民服务解难题”目标，国家税务总局修订出台《全国税务机关纳税服务规范（3.0版）》，全面规范了现行200个服务事项。其中，148个事项实现“最多跑一次”，占比74%，提前完成国务院关于2019年底实现70%以上的办税事项“最多跑一次”的要求；现行688个税收优惠事项中，除依法须核准和备案的31个特定情形外，剩余657个均实现纳税人申报即可享受；拓展多元化办税渠道，131个事项可通过电子税务局办理，10个可通过移动端办理，15个可通过自助终端办理；取消70个需纳税人报送的外部门证明类资料，将附加税（费）申报、房产交易申报等34个关联事项“串联办”；新增1517条注意事项，提示提醒法律责任、易错环节、关联事项等，更加便于纳税人、缴费人理解和操作。与修订前相比，纳税人纳税时间减少30小时，压缩21%。

以纳税服务规范为起点，全面开启税收工作规范化管理。制定出台纳税服务规范后，国家税务总局又相继出台了出口退税、税收征管、税务稽查等一系列规范制度，并且结合政策调整等因素对各项规范不断更新升级，取得了“增效减负纳税人一致点赞、统一明确税务人普遍好评”的双赢成效。

“便民办税春风行动”持续推进

2014年，在第二批党的群众路线教育实践活动启动之时，国家税务总局提出并实施“便民办税春风行动”，以“打连发、呈递进、抓落实、重成效”的形式开启了纳税服务新征程。截至2019年9月底，“便民办税春风行动”在国家税务总局层面累计出台35类123项便民办税服务举措，各地税务机关累计推出细化措施超过3万项。通过春风送暖、持续推进，把纳税人该减的办税负担减下去，把税务人该提的工作效率提上来，打造了税务系统纳税服务响亮品牌。

持续开展并体现年度特色。截至2019年9月底，“便民办税春风行动”已连续开展6年，且每年均结合当年税收中心工作明确一个主题，围绕主题集成推出系列创新服务措施。2014—2018年，“便民办税春风行动”分别以“提速”“规范”“改革·合作”“提升·创响”“新时代·新税貌”为主题。其中，以“提速”为主题推出7类28项措施，实现了政策服务、登记办理、发票领用、多元办税、涉税审批和投诉处理“六个提速”；以“规范”为主题推出4类11项措施，先后实行纳税服务、出口退税、税收征管等规范，实现了全国税务系统执法一个尺度、征管一个流程、服务一个标准；以“改革·合作”为主题推出10类31项措施，契合国税地税征管体制改革精神和改革要求，推动国税地税服务深度融合、执法适度整合、信息高度聚合；以“提升·创响”为主题推出5类20项措施，持续提速减负、创新服务、精准发力、公正执法、合力共赢，让税务机关服务品牌更响、管理效能更优、社会形象更佳；以“新时代·新税貌”为主题推出5类20项便民办税措施，通过增强政策确定性、管理规范性、系统稳定性、办税便利性、环境友好性，提升纳税人税法税制认同感、依法纳税公平感、办税渠道畅通感、申报缴税便捷感、税法遵从获得感。考虑到2019年既是国税地税机构合并后的第一个整年，又面临着实施减税降费、组织税费收入、优化税收营商环境等重任，“便民办税春风行动”以“新税务·新服务”为主题，围绕减税降费、提速增效、整合升级、协同共进四方面内容，推出了4大类13项52条措施，把减税降费的“礼包”真正送到纳税人、缴费人手中。

聚焦解决纳税人、缴费人堵点、痛点、难点问题，提升满意度和获得感。6年来，“便民办税春风行动”始终坚持以响应纳税人、缴费人服务需求为重点，聚焦纳税人、缴费人关注的堵点、痛点、难点推出一系列惠民、便民、利民举措，以需求导向倒逼服务转型升级，并同步完善体制机制作为保障。同时，“便民办税春风行动”始终坚持集成整合的工作方法，加强征管服务各环节、国家税务总局与各地税务机关、税务部门与其他政府部门之间的统筹协调，持续提升纳税服务质效，切实让纳税人全方位享受到便民办税的“四季春风”。例如，2019年的“便民办税春风行动”，为进一步便利纳税人享受减税降费政策，在2月底前启动纳税申报“提醒纠错制”，3月底前推行纳税人“承诺制”容缺办理；为进一步减轻办税负担，将纳税人报送资料再精简25%以上，进一步扩大小规模纳税人自行开具增值税专用发票试点范围，将取消增值税发票认证的纳税人范围扩大至全部增值税一般纳税人；为进一步提速纳税申报，将“最多跑一次”事项覆盖面扩大至70%以上，实现出口退税申报、证明办理、核准、退库等业务网上办理，推动通过第三方非银行支付机构缴纳税费。

以“便民办税春风行动”倒逼税务部门转变职能、改进作风。通过实施“便民办税春风行动”，进一步简政放权，深化税务行政审批制度改革，下决心把不该管的放给市场、交给社会、还给基层，激发微观经济主体活力和基层创造力，同时把该管的管住管好；进一步公开监督，提高权力运行的透明度和公信力，提高办税服务效率，规范税务执法，防止权力滥用，防止发生损害纳税人利益的不正之风，加快建设职能科学、结构优化、廉洁高效、人民满意的服务型税务机关。例如，2014年第一次开展的“便民办税春风行动”，就通过优化制度安排、简化办税流程、拓展服务方式，有效解决了行政审批、办税效率、税收执法等方面存在的“四风”问题，使为民务实清廉主题在税务系统尤其是基层税务机关深深扎根、遍地开花、结出硕果。

税收宣传辅导效能逐步增强

随着经济社会的发展，税收受到越来越多的关注，纳税人及时准确了解税法税制、税收政策、税收征管服务等方面的需求更加迫切。税务部门大力加强税收宣传、咨询辅导，既便利了纳税人、缴费人办税缴费，又增强了公民纳税意识，还为税收工作营造了良好的舆论氛围。

税收宣传月持续发力。1992年2月24日，国家税务局印发《关于开展“税收宣传月”活动的通知》，决定从1992年起，将每年4月定为全国税收宣传月，扩大税收宣传影响，增强宣传效果。截至2019年4月底，税收宣传月活动已经连续开展了28年，成为影响最大的税收宣传品牌，得到社会各界的接受和认可。

一年一度的全国税收宣传月，每年的主题都具有鲜明的时代特色，都反映着税收发展的轨迹、体现着鲜明的人文色彩，做到了突出重点、抓住亮点、贴近实际、贴近群众。进入21世纪之后，2000—2002年税收宣传月分别以“税收与未来”“税收与公民”“诚信纳税，利国利民”为主题；2003—2006年以“依法诚信纳税，共建小康社会”为主题；2007年以“依法诚信纳税，共建和谐社会”为主题；2008—2014年，连续7年以“税收·发展·民生”为主题开展的税收宣传月活动，进一步体现了税收取之于民、用之于民、造福于民的本质，符合科学发展、社会和谐、改善民生的战略部署和对税收工作的总体要求；之后，2015年“新常态·新税风”、2016年“聚焦营改增试点，助力供给侧改革”、2017年“深化税收改革，助力企业发展”、2018年“优化税收营商环境，助力经济高质量发展”等税收宣传月主题，都契合当时工作重心、抓住宣传要点，取得了较好的宣传成效。

知识链接

历年税收宣传月主题

2019
落实减税降费，促进经济高质量发展

2018
优化税收营商环境，助力经济高质量发展

2017
深化税收改革，助力企业发展

2016
聚焦营改增试点，助力供给侧改革

2015
新常态·新税风

2014
税收·发展·民生

2013
税收·发展·民生

2012
税收·发展·民生

2011
税收·发展·民生

2010
税收·发展·民生

2009
税收·发展·民生

2008
税收·发展·民生

2007
依法诚信纳税，共建和谐社会

2006
依法诚信纳税，共建小康社会

2005
依法诚信纳税，共建小康社会

2004 依法诚信纳税，共建小康社会

2003 依法诚信纳税，共建小康社会

2002 诚信纳税，利国利民

2001 税收与公民

2000 税收与未来

1999 依法治税，强国富民

1998 税收管理与依法治国

1997 税收与文明

1996 税收征管与市场经济

1995 税收与法制

1994 税收与改革

1993 税收与改革

1992 税收与发展

2019 年 4 月 1 日，以“落实减税降费，促进经济高质量发展”为主题的第 28 个全国税收宣传月拉开帷幕，至 5 月 20 日结束，前后持续 50 天，被称为“加长版”税收宣传月。活动期间，各级税务部门紧扣深化增值税改革自 2019 年 4 月 1 日起实施、小微企业普惠性减税在4月首季申报、社会保险费降率政策自2019年5月1日起推开等关键时间节点，集中开展政策宣传，既从面上宣传减税降费政策的重大意义、具体举措，又从点上宣传纳税人、缴费人实实在在的获得感。同时，通过12366纳税服务热线、网上平台等渠道，广泛收集纳税人、缴费人高度关注的减税降费热点难点问题，在线发布了1180个问题答疑，增强了政策辅导的精准度。国家税务总局参加国务院新闻办发布会、举办12366纳税服务热线在线访谈、部门联合答记者问等5次，各省税务局召开新闻发布会84次、在线访谈381次，提升了税收舆论引导的公信力。各级税务机关实现全国和省“两会”企业界代表委员走访全覆盖，召开“学者＋记者”“专家＋企业家”等座谈会7898次，全国各级党政主要领导及分管领导，有的对减税降费宣传工作作出批示指示，有的参加税收宣传月启动仪式，有的赴企业调研、问需问效，有的主持召开调研座谈会，有的推出“县长税课”“党校讲税”等特色活动，宣讲减税降费政策，形成了减税降费宣传大格局。

2019年4月1日，国家税务总局召开第28个税收宣传月主题座谈会。

各个税收宣传月期间，各级税务机关既坚持开展税收咨询日、税法辅导班以及利用电视、广播、报刊宣传税收等传统活动项目，又力求创新形式和内容，保持税收宣传的生机和活力；既宣传普及性的税收知识，又针对纳税人等特定对象加大有关税收政策法规的宣传力度。税收宣传月催生了一批税收宣传品牌。比如，为中央领导举办“税法讲座走进中南海”，开展“小小税法宣传员”活动，与各级学校联合开展“税法进校园”活动，举办全国大学生税收辩论赛，开办纳税人学校，创建税法教育基地，与中央电视台联合举办全国“税收与发展”电视演讲大赛，与中国美术家协会、中国电影家协会、中国书法家协会联合举办全国税收题材书法、摄影、绘画大赛作品展，与新华社联合举办《中国税收图片展》，分别与《人民日报》《经济日报》举办全国税法知识大赛等，举办全国税法动漫大赛，创作《中国税务之歌》在全国各地广泛传唱，等等。

12366声音越来越强。2001年9月，经国家信息产业部批准，12366成为我国税务部门统一的特种服务号码，中国的纳税服务热线正式诞生。之后，全国各地税务机关陆续开通12366纳税服务热线，提供人工与自动语音相结合的纳税服务。2009年11月，国家税务总局启动了全国统一的12366纳税服务热线系统建设，既可为纳税人提供7×24小时的涉税咨询服务，又实现了对全国12366纳税服务热线系统运行情况的实时监控和评价分析，为统筹管理全国纳税服务热线工作提供了技术支持。在此基础上，2010年国家税务总局启动筹建国家级纳税服务热线，并于2013年4月1日正式运行国家税务总局12366北京纳税服务中心。至此，国家级、省级两级热线服务格局初步建立，12366 北京纳税服务中心开始承担全国话务质量分析、对各省级 12366 纳税服务热线的业务指导、对省级 12366 知识库内容维护监控等功能，全国统一、分级处理的纳税咨询业务处理机制基本形成。2016 年 4 月 1 日，国务院总理李克强到国家税务总局考察营改增工作期间，通过视频连线慰问 12366 北京纳税服务中心工作人员。

12366 北京纳税服务中心

2016 年 1 月，国家税务总局 12366 上海（国际）纳税服务中心挂牌成立，“双语”网站同步开通。12366 上海（国际）纳税服务中心致力于打造服务国家战略的国际化高端纳税服务平台，实现与 12366 北京纳税服务中心和其他省级中心的互联互通。2016 年 11 月 18 日，12366 上海（国际）纳税服务中心“中国国际税收服务热线”正式开通，为“一带一路”、自由贸易试验区、长江经济带、“走出去”企业提供专业的“双语”税收咨询服务，较好发挥了立足长三角、服务长江经济带、面向“一带一路”和世界的国际化纳税服务品牌作用。

2018 年 12 月，12366 纳税服务平台正式上线运行。该平台全面整合了面向纳税人的纳税服务，借助人工智能、大数据、移动互联等先进信息技术，整合服务资源，实现热线、网络、移动各渠道互联互通；拓展服务渠道，借助各大网络平台，开发微信、支付宝和百度 12366 智能咨询小程序，提高服务覆盖范围；丰富服务方式，为纳税人提供机器人智能交互、个性化内容智能推送、培训辅导在线直播等服务；拓展服务功能，为纳税人提供“一网全通”的纳税服务。从 2019 年 5 月起，12366 纳税服务平台网线端和无线端正式在全国推广，纳税人可以通过 12366 纳税服务平台享受从“足不出户”到“如影随形”的纳税服务新体验。

知识链接

全国 12366 纳税服务中心

国家税务总局 12366 纳税服务平台

全国12366纳税服务中心以“国内领先，国际一流”为目标，以国家级中心和省级中心两级支撑为基础，不断优化“纳税人需求、税收知识库、专业化团队”三类管理，推出“网站建设、热线系统升级、移动互联应用、国家级中心建设”四项举措，实现“涉税咨询的重要平台、宣传政策的重要阵地、办税服务的重要载体、锻炼干部的重要基地、展示形象的重要窗口”五个定位。

随着税收事业的发展，12366纳税服务热线从稚嫩走向成熟，服务内容由单一的涉税咨询逐步向纳税咨询、税法宣传、办税服务、权益保护、涉税专业服务等多方面拓展，服务形式由人工服务与自动语音相结合拓展至智能化、移动化、个性化、多元化、国际化，已发展为一个集“六能”功能（能听、能问、能看、能查、能约、能办）于一体的综合性、品牌化纳税服务平台，有效提升了政策解读的权威性、精准性和纳税咨询服务的及时性、便利度，为服务“一带一路”建设、深化“放管服”改革及优化营商环境、支持“大众创业、万众创新”、落实减税降费等重点工作提供了有力支撑。

税收宣传阵地建设不断加强。多年来，中国税务杂志社、中国税务报社和中国税务出版社认真贯彻落实国家税务总局关于税收宣传工作的一系列部署要求，有力发挥了税收宣传的主渠道、主阵地作用。中国税务杂志社自1998年成立以来，编辑出版的

《中国税务》杂志获得了包括国家期刊奖、中国出版政府奖提名奖、全国“百强社科期刊”等国内期刊界诸多奖项，《税务研究》《国际税收》连续被权威机构评定为核心期刊。《中国税务报》自1991年创刊以来，由最初的每周二刊，逐步扩大到每周三刊、四刊，决策影响力不断扩大，到2019年已建成融合报纸、网站、微博、微信、客户端等多种信息传播渠道和形态的现代化全媒体矩阵，并连续三届获评全国“百强报纸”。中国税务出版社自1994年成立以来，不断强化“服务税收中心工作、服务税务系统、服务纳税人和缴费人”的出版宗旨，把社会效益放在首位，实现社会效益和经济效益相统一，推动了税务出版工作高质量发展，《中国税务年鉴》成功入选全国“百强社科期刊”，《税制改革论丛》等6种图书入选“十二五”“十三五”国家重点出版规划项目，《税务大家：国际税收前沿问题文集》等9个项目入选国家出版基金项目。

办税便利度持续提升

税务部门一直以来高度重视提高纳税人、缴费人办税缴费便利度，特别是近年来，以落实党中央、国务院关于深化“放管服”改革、优化营商环境的各项部署为抓手，持续推动简并办税事项、减少资料报送、优化业务流程，进一步减轻了纳税人、缴费人负担。

深化行政审批制度改革。2014年2月，国家税务总局在对全部税务行政审批事项进行梳理、摸清“家底”的基础上，向社会公布了87项税务行政审批事项，实施税务行政审批目录化管理，锁定了审批项目的“底数”，此后取消或调整81项，截至2019年9月底，仅保留6项税务行政许可事项。2018年12月、2019年3月和7月，国家税务总局分3批分别取消20项、15项和25项税务证明事项，累计达60项，涉及231个具体办税事项。2019年，国家税务总局进一步简化了目前保留的税务行政许可事项的办理程序，包括压缩办理时间、减少资料报送和简化送达程序等。

开展税收营商环境试点。2017年7月17日，中央财经领导小组第十六次会议提出北京、上海、广州、深圳等特大城市要率先加大营商环境改革力度。按照会议要求，国家税务总局迅速部署在北京、上海、广州、深圳、江苏5省市税务机关开展优化税收营商环境试点工作，积极探索可复制、可推广优化税收营商环境举措。经过一年的试点，5省市税务局累计推出350项先行先试措施，其中“取消新办企业增值税专用发票认证”等60项措施已复制推广到全国，促进了纳税便利度和税收征管效能同步提升。2018年8月，国家税务总局将税收营商环境试点范围扩大至浙江、江西、湖北、广西、海南、重庆、陕西、新疆、大连、宁波、厦门等11个省（区、市），要求每个试点地区出台20项创新纳税服务举措，同时建立“试点单位一季一反馈、总局半年一调度”的工作机制，进一步探索优化税收营商环境举措。

精简办税流程和资料报送。2013年以来，国家税务总局全面清理办税资料，先后分两批取消1541项（次）资料报送，精简力度达到30%。2017年以来，简并优化企业所得税纳税申报表，减少年度申报表10%的表单、1100余项数据项，减少月（季）度预缴申报表260余项数据项。全面改进税收备案管理，实行“自行判别、申报享受、相关资料留存备查”；将一般纳税人提供建筑服务选择简易计税方法改为一次备案制。2018年4月1日起，在全国范围内实现了5大类105个办税事项“最多跑一次”，各地税务机关在“规定动作”基础上积极增列“最多跑一次”涉税事项，有的还推行“网上办、快递送、不见面”的办税新模式。2019年，国家税务总局结合国税地税征管体制改革，自5月1日起全国税务系统办税服务厅基本实现“一厅通办”，并实现了跨省经营企业在全国范围内异地办理申报纳税等4大类15项办税事项全国通办。2019年7月、8月出台两批共20条便民办税缴费新举措，进一步减少了纳税人纳税次数和办税时间。

拓展多元办税渠道。在早期的办税服务厅建设中，国家税务总局已经注重利用电子显示屏、触摸屏等办税服务设施，主动公开涉税事项，宣传税收政策，强化涉税查询功能，方便纳税人及时掌握税收政策及涉税信息。随着信息化的发展，逐步形成了以电子申报为主体，邮寄申报、上门申报等方式为补充的多元化办税格局。近年来，为方便纳税人申报缴纳税款，国家税务总局充分利用现代信息技术和金融支付结算工具，改进纳税申报和缴款方式，推进建设了全国规范统一的电子税务局。同时，大力推广自助办税装置，通过24小时不间断服务，有效减轻办税服务厅窗口服务人员的工作压力，提高办税效率，缓解纳税人排队拥挤现象。为适应逐渐增加的移动办税需求，国家税务总局又对移动端办税渠道的业务处理标准和技术建设方案进行优化，为纳税人、缴费人提供了更多办税选择。

发展涉税专业服务。一直以来，税务部门高度重视税务师行业建设，在中国税务咨询协会的基础上，发展成立中国注册税务师协会，并成立行业党委持续加强行业管理，保障了行业健康发展。2017年以来，为贯彻落实党中央、国务院“放管服”改革要求，国家税务总局先后制发了《涉税专业服务监管办法（试行）》等一系列配套制度文件，全面开放涉税专业服务市场，明确凡经实名制信息采集的涉税专业服务市场主体，均可合规开展涉税业务；同时，创新监管方式和手段，突出优化服务导向，实现了涉税专业服务监管制度的重大创新和突破，推动了涉税专业服务市场实现快速健康发展。截至2019年8月底，全国范围内已纳入监管的涉税专业服务机构共5.5万家。

加强纳税人合法权益保护

随着依法治国基本方略的贯彻实施和全社会法治观念的逐步强化，各级税务机关将维护纳税人合法权益作为纳税服务工作的重要内容，积极响应和满足纳税人合理诉求，切实保障纳税人合法权益，努力营造公平、公正的税收环境。

公告纳税人权利和义务，是纳税人权益保护的基础。2009年11月，国家税务总局发布《关于纳税人权利与义务的公告》，第一次以税收规范性文件的形式，列明了纳税人享有的权利和应该履行的义务。2010年11月，在公告发布一周年之际，为了让纳税人进一步理解和掌握其内容，国家税务总局发布《纳税人权利与义务公告解读》，根据现行法律法规，就纳税人权利、义务的含义，法律依据以及实现权利途径，未履行义务可能承担的法律责任等进行了阐述，并列举了相关事例以便理解。

延伸阅读

纳税人权利

一、知情权
二、保密权
三、税收监督权
四、纳税申报方式选择权
五、申请延期申报权
六、申请延期缴纳税款权
七、申请退还多缴税款权
八、依法享受税收优惠权
九、委托税务代理权
十、陈述与申辩权
十一、对未出示税务检查证和税务检查通知书的拒绝检查权
十二、税收法律救济权
十三、依法要求听证的权利
十四、索取有关税收凭证的权利

纳税人义务

一、依法进行税务登记的义务
二、依法设置账簿、保管账簿和有关资料以及依法开具、使用、取得和保管发票的义务
三、财务会计制度和会计核算软件备案的义务
四、按照规定安装、使用税控装置的义务
五、按时、如实申报的义务
六、按时缴纳税款的义务
七、代扣、代收税款的义务
八、接受依法检查的义务
九、及时提供信息的义务
十、报告其他涉税信息的义务

纳税人的知情权，是纳税人的基本权利。2006年，国家税务总局先后出台《关于深入开展政务公开的意见》《关于进一步推行

办税公开工作的意见》等文件，积极稳妥地推进政务公开和办税公开，对涉及纳税人办税事项、程序、环节等14类55项内容进行公开，实行阳光作业，接受纳税人监督。2008年《政府信息公开条例》施行后，各级税务机关坚持以公开为原则、不公开为例外，建立健全税务部门政府信息公开制度，规范公开信息的收集、审查、发布程序。利用网站、办税场所等渠道，及时、全面、准确地公开税收法律法规和规定，使税务机关的行政职责、办事程序、办事结果、监督方式等信息为纳税人广泛知晓。

为及时受理纳税人意见和投诉，2010年1月，国家税务总局发布了《纳税服务投诉管理办法（试行）》，明确提出纳税人可对税务机关和税务人员在税法宣传、纳税咨询、办税服务等各方面违法违规行为进行投诉，从而倒逼了税务部门改进服务质量。2019年6月，为适应社会保险费和非税收入征管职责逐步划转到税务部门的实际，国家税务总局出台新修订的《纳税服务投诉管理办法》，将缴费人也纳入进来；将投诉受理事项细化为服务言行、服务质效、权益保护3大类9小项，方便纳税人有针对性地进行投诉。对现场投诉和已有明确处理意见的投诉，即时办结；对涉及享受税收优惠政策、缴纳社会保险费等重大政策落实的投诉，受理后3个工作日内办结；对服务言行类投诉，办理时限由10个工作日压缩至5个工作日；对服务质效、权益保护类投诉，办理时限由20个工作日压缩至10个工作日。

同时，各级税务机关推动建设“纳税人之家”“纳税人权益维护中心”等纳税人权益保护组织，与当地工商联、行业协会、商会、街道或乡镇加强合作，大力开展纳税人权益保护活动，有力维护了纳税人的合法权益，促进了征纳和谐。

积极服务国家重大发展战略

多年来，税务部门始终注重找准自身在党和国家工作大局中的职能定位，以强烈的政治责任感、使命感，不断增强税收服务大局的自觉性、主动性和实效性。特别是党的十八大以来，积极发挥税收职能，服务国家重大发展战略。

积极促进京津冀协同发展。国家税务总局于2014年7月成立京津冀协同发展税收工作领导小组，由局领导任组长，相关司局和北京、天津、河北三地税务机关主要负责同志为成员，提出“一统三互”的税收管理服务一体化措施：“一统”，即统一办税平台。三地纳税人登录互联网，点击京津冀统一网上办税平台，输入纳税人识别号，就可接入三地税务机关的信息系统轻松办税。“三互”，即资质互认、征管互助、信息互通。对各自评定的纳税人信用等级，三地税务机关相互认可，同等监管；当纳税人迁移时，结清已发生的纳税义务，不作注销清算处理，实行企业异地经营税务管理协作办法，统一执法标准；实行涉税信息共享，促进各地共同提高税收征管质效和纳税服务水平。

积极推动长江经济带发展。大力实施“一个窗口、两区协作、统分结合、协同服务”的跨区税收服务与管理举措。“一个窗口”，即建设统一的长江经济带税收服务之窗，实现办税服务、宣传发布、社会公开三大功能。“两区运作”，即划分为“泛长三角”区（江浙沪甬皖赣）与“长江中上游”区（川渝湘鄂黔滇），分区开展税收管理和服务互助。“统分结合”，即在分两个区域运作的基础上，着力推动整个长江经济带在税务登记管理、纳税服务、资质互认、信用登记互认等方面实现统一。“协同服务”，即打破行政区划界限，推进信息共享和区域合作，形成窗口受理、涉税审批、征收管理、进户执法、风险防控、纳税服务等环节的有效协同。

积极支持自贸区发展。在政策支持方面，国家税务总局联合财政部等部门，在上海自贸试验区实施企业以非货币性资产对外投资等资产重组行为分期缴纳企业所得税、非货币性资产投资和股权奖励分期缴纳个人所得税试点并推广到全国；及时明确自贸试验区进口税收政策，扩大启运港退税政策试点范围和境外旅客购物离境退税政策实施范围，改进天津等4个自贸试验区内资租赁企业从事融资租赁业务管理；在上海自贸试验区率先试点货物状态分类监管，支持境外股权投资和离岸业务发展。在征管服务方面，重点复制推广了一系列创新性措施，如将上海自贸试验区“办税一网通”等10项创新措施复制到广东、天津、福建自贸试验区并推广至全国；将福建自贸试验区探索实施的“税控发票领用网上申领”复制推广到全国。

积极支持民营经济发展壮大。2018年11月1日，习近平总书记在民营企业座谈会上发表重要讲话，对支持民营企业发展壮大作出重要指示，为税务部门更好地服务民营经济发展提供了根本遵循。习近平总书记召开民营企业座谈会的当月，国家税务总局即在全国范围组织开展税收支持民营经济发展大调研大走访活动，广泛听取民营企业诉求，切实解决民营企业反映的问题。在此基础上，2018 年 11 月 16 日，国家税务总局印发《关于实施进一步支持和服务民营经济发展若干措施的通知》，提出 5 方面 26 条具体措施。各地税务局也积极参与地方党委政府组织的支持民营经济发展专项活动，立足当地实际情况，主动提出税收支持措施，相应出台了支持民营经济发展的具体落实文件，更好服务民营经济发展。

2018 年 11 月 8 日，国家税务总局召开民营企业税收座谈会。

历史见证

办税服务厅"变形记"

53岁的赖宁是位名副其实的"老会计"。夹着他的公文包，奔走于公司和税务部门之间，是赖宁工作的"常态"。近年来，公司同事明显感觉到赖宁"懒"了：离开公司办税的次数少了，步数也变少了，但发票领用、纳税申报、开具证明、缴纳税款等各类事项，一件事都没落下，反而还比以往干得快干得准。

问起他缘由，他乐呵呵地告诉了公司同事，公司附近的办税服务厅旁边多了一家自助办税服务厅，加上电子税务局功能越来越丰富，大家去大厅办税的时间和频率都减少了。

像赖宁这样真切感受到了办税服务厅旧貌换新颜的"老会计"，在清远不在少数，"一个明显的感受是，办税设施越变越智能，办税时间越来越短"。

身着制服、骑着单车奔走在乡镇一线的税收专管员。

“膝盖上”的办税服务厅

在20世纪，笔、税票、算盘、自行车是乡镇税收专管员的“标配”。在上门收税的路上碰到纳税人，专管员便将税票放在膝盖上填写，因此不少人笑称这是“膝盖上的办税服务厅”。“春夏秋冬、走街串巷、日晒雨淋”是当时奔走在乡镇一线专管员的真实写照，也练就了专管员“眼观六路、耳听八方”的一身本领。那个时候，税务干部经常一大早身着制服、骑着单车，走街串巷查验肉案市场。

基层税务人员上门征收“屠宰税”

“那时候我们背个包，拿个算盘，骑个车，就一头扎进乡镇、集市，收屠宰税、集市交易税等，别说，还挺有意思。”说到自己“徒步收税”的那些事儿，阳山县税务局85岁的退休税务干部黄礼从自己先笑了起来，为了防止一些商贩见势开溜，他们还得先摸清每个集贸市场的人员、大小等特征，同时每个人还得“左顾右盼”，防止商贩偷偷溜走。

“内外兼修”的办税服务厅

“办税办了这么多年，我也算是看着办税服务厅一步一个脚印‘长大’的。”随着时间的推进，从简单明了到宽敞明亮，从单一功能到多元集成，每次办税服务厅的变化都让赖宁耳目一新。

如今，踏进办税服务厅，“为国聚财　为民收税”的大字映入眼帘，办税柜台由一米四降至八十厘米，取消了铝栅栏和玻璃墙，每个窗口前为纳税人提供了座椅，宽敞明亮的办税大厅还根据功能划分设有办税区、咨询区、自助区和排队等候区。“国地税合并后，各地办税服务厅还‘摇身一变’‘合二为一’，这可为纳税人省下极大的办税成本。”赖宁感叹道。

变化的不仅仅是“从两扇门到一扇门”，以机构改革为契机，税务部门还对办税环节进行流程再造和创新，相继推出了“一窗通办”“预审服务”“套餐式服务”“注销专窗”等事项，并持续推进办税服务的标准化、规范化、一体化。智慧化、人性化“元素”的点缀，也让办税服务厅散发着科技感和人情味的“魅力”：自助办税终端一体机、电子税务局体验区、电子回

不断发展变化的办税服务厅

办税服务厅中的智能税务体验区、减税降费和个人所得税辅导专区。

单柜、移动设备体验区等智慧化办税服务区分别分布在各基层一线办税服务厅的各个区域，吸引了纳税人驻足体验、自助办税；新加入的“税小度”“税小莞”税务机器人，凭借其语音识别、触摸交互、移动互联、现场走动等“本领”，逐渐成为了办税服务厅服务设备新的“颜值担当”；“晒满”纳税人评价、诉求和建议的“纳税人心声墙”，让办税服务厅充满人文关怀温度……

“说走就走”的办税服务厅

“现在办税就像 ATM 取款一样方便。”赖宁打趣道，自打有了 24 小时自助办税终端，他可以根据公司业务需求随时随地安排腾出“档期”办理涉税业务，省了不少时间精力。

自助办税终端机还“说走就走”，“驻点”到银行、汽车 4S 店、事务所、大企业、大型商圈、企业园区……在互联网技术的支持下，自助办税终端机远离各税务分局、税务所，分布在城区人口密集场所，为纳税人节省了办税时间，降低了办税成本。

让人意外的是，已年过半百、头发有些花白的赖宁对各种信息化办税终端驾轻就熟。“办税服务厅的发展跟上了信息化建设的步伐，我可不能被落下了呀。”赖宁掏出手机，点开广东省电子税务局。

广东省税务部门推出的一系列信息化办税创新

赖宁的信心源自何处？近年来，广东税收信息化建设的步伐，紧追着信息技术的发展大潮。2016 年，广东省电子税务局上线，纳税人在电子税务局只需提交一次电子纸质资料，即在可在网上全流程办理申报缴税、代开发票、领取发票、发票验旧、事项申请等涉税事项；国税地税征管体制改革后，金税三期系统及电子税务局系统并库上线成功，打通了集成统一的税收信息化体系建设脉络。

“粤省事”微信小程序中的税收服务模块

以广东省电子税务局为平台依托的“指尖办税”，让办税人员“说走就走”的步伐越来越潇洒。据了解，依托电子税务局平台，广东省电子税务局新增普通发票代开平台等模块，深度拓展移动办税事项；“一次不用跑”办税清单在粤港澳大湾区全面上线；在“粤省事”微信小程序开设税收服务模块。此外，掌上电子税务局建设的深度推进，将为“掌上”办理涉税事项再添“神器”。

（来源：国家税务总局网站）

征管之力

——税收征管是如何提质增效的？

加强和改进税收征管，是税收工作的永恒主题，也是发挥税收职能作用的重要保证。中华人民共和国成立70年来，伴随经济社会发展，税收征管模式从“一员进厂、各税统管”到“征、管、查”三分离，从税源科学化、精细化、专业化管理到税收风险管理、税收共治，征管能力不断提升。特别是党的十八大以来，积极推进征管体制改革，逐步实现事前审核向事中事后监管、固定管户向分类分级管户、无差别管理向风险管理、经验管理向大数据管理的“四个转变”，基本构建起优化高效统一的税收征管体系。

税收征管发展历程

1950年，中华人民共和国成立不久即统一了全国税政，税收征管平稳起步。从这一时期到改革开放初期，与计划经济条件下经济成分单一、纳税人规模不大、税制结构相对简单等特征相适应，我国税收征管基本上实行管理员专责模式，即“一员进厂，各税统管，集征、管、查于一身”。这种征管模式有助于税务专管员全面了解纳税人情况，在特定历史背景下，对促进经济发展、保证国家财政收入发挥了积极作用。

改革开放以来，为适应我国经济体制由计划经济向有计划的商品经济转变，税收征管方式开始变革。1990年，针对税务专管员“一员进厂、各税统管”日渐显现出来的弊端，国家税务局在各地改革试点的基础上，提出实行“征收、管理、检查三分离”或者“征收管理、检查两分离”的模式，既提高了征管质量，又强化了内部监督。

1994年，与税制改革相适应，国家税务总局提出实行“纳税申报、税务代理、税务稽查”三位一体的征管模式。1994年12月，又提出把工作重心转移到基层、转移到征管，打破由税务机关进行单一的“保姆式”税收征管格局，逐步建立一个有现代化管理手段支持的、相互协调制约的税收征管新格局。1997年1月，国务院办公厅批转国家税务总局报送的关于深化税收征管改革的方案，确立了“以纳税申报和优化服务为基础，以计算机网络为依

2004年7月，时任国家税务总局党组书记、局长谢旭人（主席台右四）参加全国税收征管工作会议。

托，集中征收，重点稽查”的征管模式。截至1997年底，基本实现了从税务专管员上门收税到纳税人自行申报纳税的转变，初步实现了征收、管理、检查各项权力的分权制约。

进入21世纪以后，伴随全球信息化浪潮的涌现，我国税收征管迈入新的发展阶段。这一时期的税收征管发生了三个方面的显著变化：一是实施科技加管理，积极利用现代信息技术手段促进税收征管，充分发挥信息技术对征管业务和制度创新的促进作用，优化税收征管流程，提高信息管税能力。以金税工程为代表的信息化建设取得了新的进展，提高了税收征管的质量与效率。同时，强调发挥人的主观能动性，实现管理与科技同向发力、双轮驱动。二是实施科学化、精细化管理。为解决淡化责任、疏于管理的问题，国家税务总局在征管模式中加上了“强化管理”的内容，最终形成了“以申报纳税和优化服务为基础，以计算机网络为依托，集中征收，重点稽查，强化管理”的税收征管模式。针对税收征管薄弱环节，推行增值税申报纳税“一窗式”管理，完善“四小票”抵扣清单管理，依托信息化手段开展纳税评估，有效改变粗放式管理状况，不断提高税收征管效能。三是推进税源专业化管理。坚持以税收风险管理为导向，按纳税人规模和行业等，对税源实施科学分类，强化行业税收管理，并建立分行业纳税评估模型和指标体系，深入开展行业纳税评估工作。这期间，逐步形成以促进税法遵从为目标，以风险管理为导向，以纳税评估为重点，以分类分级管理为基础，以信息管税为依托，以制度机制为保障的税源专业化管理体系。

党的十八大以来，以习近平同志为核心的党中央作出了推进国家治理体系和治理能力现代化的战略部署。我国税收环境也发生了深刻变化，对税收征管提出了新的挑战和更高要求。2013年，国家税务总局提出构建包括“科学严密的征管体系”在内的税收现代化六大体系。科学严密的征管体系，就是与税制改革相促进、与税源状况相适应、与科技创新相协同、与有关部门相配合，以专业化管理为基础的税收征管体制，拥有强大的信息管税能力，能够精准实施税收风险监控，严厉打击和有效震慑涉税违法犯罪行为，营造公平正义的税收环境，使税收流失率不断降低，税收征收率达到成熟市场经济国家平均水平。围绕构建科学严密的征管体系，国家税务总局加快推动征管改革。经过努力，基本实现了税收征管方式的“四个转变”。

一是事前审核向事中事后监管的转变。大幅度取消和下放税务行政审批项目，推行纳税人自主申报，完善包括备案管理、发票管理、申报管理等在内的事中事后管理体系，实现税收管理由主要依靠事前审批向加强事中事后管理转变，把该放的放到位，把该管的管住、管好，切实保障国家税收安全。

二是固定管户向分类分级管理的转变。改革税收管理员属地固定管理模式，上收复杂涉税事项和重点税源的管理层级，细分纳税人的分类标准，针对不同类型纳税人制定差异化的管理策略；根据各层级比较优势和部门职责专业化要求，明晰各层级和各职能部门的涉税事项管理职责，适应业务改革和制度创新要求，优化征管流程，建立配套的岗责体系，构建分类分级的专业化管理体制框架。

三是无差别管理向风险管理的转变。坚持以税收风险管理为导向，建立信息收集、风险识别、等级排序、任务推送、风险应对、结果反馈的机制，形成各级税务局纵向联动和内部各部门之间横向互动的运行机制，对不同风险等级纳税人分别采取提示提醒、纳税评估、税务稽查等差别化管理手段，从而将有限征管资源优先运用于税收风险高的纳税人，在实践中取得明显成效。

四是经验管理向大数据管理的转变。依托金税三期工程、增值税发票管理新系统等信息系统数据，全面开展数据管理和分析应用工作，发挥税收大数据优势，精准识别税收管理中存在的风险，有针对性地采取加强管理的措施，明显提高了征管的精准性、实效性，有效防范了税收流失。

延伸阅读

走联动集成的税收征管现代化之路

2017年9月27日—29日，国家税务总局局长王军率中国税务代表团出席了在挪威举行的第十一届税收征管论坛（FTA）大会，并在全体会议上作了题为“走联动集成的税收征管现代化之路”的发言，强调实现税收征管现代化必须走联动集成之路。他指出，近年来，中国税务部门注重把税收征管工作作为一个有机整体，既坚持征管本身要素的集成，又坚持征管与税制之间的联动，既坚持将税收征管融入国家治理，又坚持深度参与国际税收改革推动全球经济治理，最大限度发挥聚合效应，促进了税收征管能力与服务水平的提升，为发挥好税收服务国家治理和全球经济治理的作用积累了经验。

不断深化国税地税征管体制改革

1994年国税、地税机构分设以来，我国税收征管体制不断发展完善，特别是党的十八大以来，先后经历以2015年开始的国税、地税合作和2018年国税、地税机构合并为主要内容的两次大的变革，进一步走向成熟和完善。

2015年10月13日，习近平总书记主持召开中央全面深化改革领导小组第17次会议，审议通过《深化国税、地税征管体制改革方案》（以下简称《方案》），明确指出深化国税、地税征管体制改革，要坚持依法治税、便民办税、科学效能、协同共治、有序推进的原则，发挥国税、地税各自优势，推动服务深度融合、执法适度整合、信息高度聚合，着力解决征管体制中存在的一些突出问题。

《方案》明确了国税、地税机构"合作不合并"的总体改革思路，主要任务包括：理顺征管职责划分，合理划分国税、地税征管职责；创新纳税服务机制，推行税收规范化建设，在全国范围内实现国税、地税服务一个标准、征管一个流程、执法一把尺子；转变税收管理方式，切实加强事中事后管理，对纳税人实施分类分级管理，提升大企业税收管理层级，深化税务稽查改革，加快税收信息系统建设，发挥税收大数据服务国家治理的作用；深度参与国际合作，积极参与国际税收规则制定，不断加强国际税收合作，严厉打击国际逃避税，主动服务对外开放战略；优化税务组织体系，切实加强税务系统党的领导，优化各层级税务机关征管职责，完善税务稽查机构和督察内审机构设置，研究探索推进对外派驻税务官员，合理配置资源，加强税务干部能力建设，深入落实党风廉政建设主体责任和监督责任；构建税收共治格局，推进涉税信息共享，拓展跨部门税收合作，健全税收司法保障机制，加强税法普及教育。

经过全国税务系统两年共同努力，《方案》提出的“2017 年年底前改革任务基本到位”的目标圆满实现，特别是在深化国税、地税合作，转变税收征管方式、提高税收征管效能，加强税收管理信息化建设、提高征管科技含量等方面取得了良好成效。

2018 年 3 月，以习近平同志为核心的党中央作出了深化党和国家机构改革的重大决策部署。2018 年 5 月，中共中央办公厅、国务院办公厅印发《国税地税征管体制改革方案》，强调改

国税地税征管体制改革方案发布

革国税地税征管体制，合并省级和省级以下国税地税机构，划转社会保险费和非税收入征管职责，构建优化高效统一的税收征管体系，为高质量推进新时代税收现代化提供有力制度保证，更好发挥税收在国家治理中的基础性、支柱性、保障性作用。

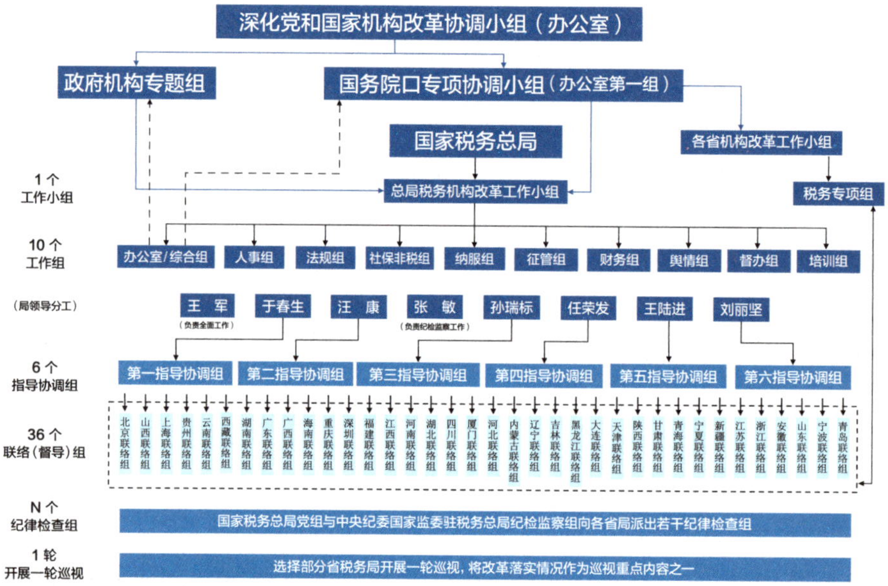

国税地税征管体制改革工作组织领导架构

国家税务总局在党中央、国务院的坚强领导下，带领全国税务系统扎实推进国税地税征管体制改革，各项改革任务按要求圆满完成，取得好于预期的明显成效。一是完善了双重体制。以国家税务总局为主、与省（区、市）党委和政府双重领导的管理体制得以确立。通过改革，明确了国家税务总局与地方党委政府在干部人事管理、机构编制管理、税费业务管理、推进税收共治、服务经济社会发展等方面的相关职责，建立了职责清晰、运行顺畅、保障有力的制度机制。二是打赢了三场主攻战。全国所有省级税务局、市级税务局、县级税务局和乡镇税务分局（所）分别在2018年6月15日、7月5日、7月20日统一顺利完成挂牌。至此，分设24年的国税、地税机构正式合并。20多年来，国税、地税机构在党中央、国务院坚强领导下，按照国家税务总局和各级党委、政府部署，充分发挥各自优势，调动了中央和地方组织税收收入的积极性，有力保障了分税制财政管理体制和税制改革的成功运行，税收筹集财政收入和调控经济、调节分配的职能作用得到较好发挥，为建立和完善社会主义市场经济体制发挥了重要作用。各省级局、市级局、县乡局（所）“三定”规定分别于2018年8月15日、9月30日、10月30日全部落实到位，其中市级局和县乡局（所）“三定”比原定时间提前完成。2019年1月1日，机关事业单位社会保险费、城乡居民养老保险和医疗保险征管职责顺利划转至税务部门。至此，36个省、自治区、直辖市和计划

2018年6月15日，国家税务总局安徽省税务局挂牌。

单列市中，21个原已由税务部门征收企业社会保险费的地区，完成了所有社会保险费征管职责的划转；15个原由社保部门征收企业社会保险费的地区，完成了机关事业单位和城乡居民社会保险费征管职责的划转，企业社会保险费征管职责未有划转，仍继续由社保部门征收。同时，完成了国家重大水利工程建设基金、农网还贷基金等11大项13细项中央级非税收入及北京、天津等17个地区29项省级非税收入征管职责的划转。三是夯实了四大支撑点。清理修改了相关法规制度。国家税务总局共梳理1768件涉税法律、行政法规、部门规章、规范性文件，其中修改税务部门规章23件，修改规范性文件193件，全文失效废止和部分条款失效废止规范性文件54件。省、市、县三级税务机关共梳理规范性文件21954件，其中修改2308件，全文失效废止和部分条款失效废止规范性文件15341件。整合优化了征管业务和信息系统。国家税务总局完成了280多个征管业务事项、1300多份表证单书、600多个税收业务代码标准的梳理修订，促进实现征管制度和执法标准规范统一。完成了网上办税服务厅整合，2018年12月1日推出了全国规范统一的升级版电子税务局。明确了经费保障体制，与财政部联合制定税务部门经费保障实施办法，并按照中央与地方财政保障范围，详细测算税务系统中央财政与各省地方财政经费划转比例和金额，为编报部门预算奠定基础。完成了资产清查工作，顺利推进资产接收划转。

通过改革，初步构建起优化高效统一的税收征管体系，为纳税人和缴费人提供了更加优质高效便利的服务，提高了征管效率，降低了征纳成本，提高了税法遵从度和社会满意度，为进一步增强税费治理能力、充分发挥税收职能作用打下了坚实基础。一是进一步完善了税收征管体系。此次改革合并了省级及省级以下国税地税机构，新税务机构“三定”暂行规定落实较好体现了优化高效统一原则，精简了机构数量，规范了机构设置，优化了职能职责。改革后的省、市、县、乡税务机构数量大幅减少。在严控限额的前提下，对税收大数据和风险管理、税收经济分析、税务稽查等方面的机构职能进行了优化，较好体现了机构设置科学、职能职责清晰、资源配置合理的要求。二是切实提高了税收征管效率。国税地税机构合并之后，各省税务机关结合自身实际，统一了省内征管方式，实现了各层级税务机关的信息共享，通过加强信息比对和风险分析，加大打虚打骗力度，开展部分重点行业税收秩序整治，有效提高了税收征管效率。三是持续增强了纳税人和缴费人获得感。国税地税机构合并，从体制上解决了以前纳税人办税“两头跑”、税收执法“两头查”等问题，大大降低了纳税人办税成本。国家税务总局开展的万份无记名问卷调查结果显示，纳税人对改革后办税效率、服务态度等方面满意度较前两年第三方测评的结果提高 10 个百分点以上。第三方开展的全国纳税人满意度调查结果显示，2018 年纳税人满意度得分 84.82 分，比 2016 年提高 1.21 分。

夯实税收征管基础工作

一直以来，税务部门通过加强纳税人户籍管理、发票管理等措施，不断强化税收征管工作基础。特别是党的十八大以来，在夯实征管基础方面采取了一系列有力有效举措，为提高征管质量和效率提供了可靠保证。

切实加强发票管理。发票是购销商品和服务的凭证，是税收征管的重要依据。加强发票管理是税务部门加强税收管理的重要基础性工作。为规范有效加强发票管理，财政部于 1986 年 8 月发布《全国发票管理暂行办法》，是新中国成立后发布的第一部关于发票管理的部门规章，对发票管理的范围、填写内容、发票印制、发放、使用以及违章处罚等都作了统一规定，为逐步实现发票管理的制度化、法律化、系统化奠定了重要基础。1993 年 12 月，经国务院批准，财政部发布《中华人民共和国发票管理办法》，之后又进行修改。国家税务总局也发布实施细则，规范发票使用和管理。在持续完善发票管理制度的同时，税务部门一直注重以票管税，通过推广税控器具、实行发票抽奖等方式，促进依法按期申报纳税、足额缴纳税款。随着信息化在发票管理方面的应用不断深入，特别是增值税专用发票防伪税控系统上线运行后，2004 年提出“以票控税、网络比对、税源监控、综合管理”，通过发票信息、纳税申报信息、会计报表信息进行“票、表、税”比对，对税源实施监控并融入税收风险管理。2014 年，国家税务总局对原有发票管理系统进行改造，开发运行增值税发票管理新系统，有效解决假票和真票假开假用等问题，通过发票信息比对，有效强化风险管理，给我国发票管理带来根本性变革。

全面推进税收征管规范化建设。2015 年 4 月，国家税务总局制定并试运行《全国税收征管规范（1.0 版）》，对 11 大类 152 小类 612 个具体税收征管事项的操作标准、处理流程、办理时限以及 1087 张表证单书等税收征管基础性和事务性工作进行了规范，形成了税收征管业务的基本体系架构。之后，不断总结完善，持续升级。2019 年 7 月，出台《税收征管操作规范》，梳理国税地税机构合并后所有现行税费业务事项，分 4 大类 31 小类逐项规范征管操作流程，并对每个事项的资料明细、办理流程、办理方式、后续业务等 7 方面内容予以明确，实现税费业务办理的统一化、规范化、标准化，累计精简了 50% 的涉税事项、26% 的表单证书、48% 的需纳税人和缴费人报送的资料，显著减轻了纳税人、缴费人的办税负担。同时，运用“信用 + 风险”动态监管理念，将优化税务执法方式的有关要求全面融入新的征管岗责体系、业务流程节点和操作规范中，进一步促进了从依靠事前审批、审核向建立信用评价、监控预警、风险应对的征管方式的转变。

稳步实施商事登记制度改革。按照国务院部署，大力推动商事登记制度改革。2014 年，国家税务总局制发《关于推进工商营业执照、组织机构代码证和税务登记证“三证合一”改革的若干意见》，提出大力推进“三证联办”、积极探索“一证三码”、最终实现“一证一码”的改革基本思路，探索登记制度便利化之路。2015 年 10 月，全国如期顺利实施“三证合一”登记制度改革，进一步放宽了市场准入，有力激发了市场活力。在此基础上，2016 年，国家税务总局联合有关部门下发《关于实施个体工商户营业执照和税务登记证“两证整合”的意见》，明确只需填写“一张表”，向“一个窗口”提交“一套材料”即可办理个体工商户工商及税务两家登记。同年12月，全国顺利实施个体工商户“两证整合”。2018年10月起，下大力气破解企业“注销难”问题，纳税人享受税务注销“免办”和“即办”服务更为便捷。2019年5月，国家税务总局印发通知，进一步扩大税务注销即办范围，简化办理程序，减少报送资料，让更多纳税人便捷退出市场。

大力推行实名办税。实名办税是税务机关加强事中和事后监管的重要举措。2016年以来，国家税务总局积极指导各地税务机关优化办税流程，强化信息技术支撑，推行实名办税。2018年4月，国家税务总局制发通知，进一步明确实名办税的有关事项，制定了全国统一的实名办税制度规定。2019年7月，国家税务总局开发运行实名办税监控系统，实现“一处采集、全国通用”，进一步加强了对全国实名办税的统一监督和管理。各省实名办税均已具备人脸识别和对接公安部人口库实时核查实名信息的能力。实名办税在服务、便利纳税人的同时，实现了对纳税人办税行为的监管，有力推动了税收违法行为的源头治理。

探索推进征管质量监控评价工作。多年来，税务部门一直高度重视税收征管质量评价工作，先后开展税收征管状况监控分析、建立征管质量考评指标体系等工作。2015年起，又从税源基础管理状况、税务机关执法状况和纳税人税法遵从状况三个维度进行全面、深入、细致的分析和梳理，形成《征管质量监控评价办法》和《征管质量监控评价指标》，并在金税三期决策支持系统开发完成日常监控预警、定期评价、征管主观努力程度考核以及征管质量日报、月报和年报表等监控评价功能。2018年，以服务政策制定、制度完善和领导决策为目的，以大征管、大数据为立足点，基于税务机关、税务人员管理行为视角，以税款征收、纳税服务、风险管控、税务检查、自我纠正及法律救济为主维度建立监控指标和评价模型，并于2019年1月正式在全国范围内启动国家税务总局评价省税务局的试运行工作，创新实施征管质量评价新体系，征管质量监控评价工作取得新的进展。

构建税收风险管理体系

进入21世纪以后，税务部门结合税收工作实际，积极借鉴国际税收管理有效做法，逐步实行和加大税收风险管理力度。特别是党的十八大以来，结合落实《深化国税、地税征管体制改革方案》，进一步构建较为完善的税收风险管理体系。

健全税收风险管理运行机制。2013年以来，国家税务总局不断总结实践经验，对税收风险管理工作进行改进和完善，逐步形成较为科学的税收风险管理运行机制：基本形成了包括目标规划、信息收集、风险识别、等级排序、风险应对、过程监控和评价反馈在内的良性互动、持续改进的风险管理闭环；基本建立了覆盖所有税种、行业的税收风险管理指标模型；基本形成了纵向各层级税务机关之间、横向各部门之间职责分工明确、资源配置合理、协调配合顺畅的机制，有效提高了税收风险管理效能。

完善风险管理信息系统。在全国税务机关部署应用金税三期决策支持风险管理系统，运用税收大数据开展风险分析，及时识别税收风险点，并根据不同级别和类型的风险采取相应的应对措施，有效提升了税收风险管理的精准性。

建立增值税发票风险快速反应工作机制。近年来，国家税务总局重点聚焦虚假注册、买壳卖壳、走逃失联等涉嫌虚开增值税发票的风险源头企业，聚焦无实际交易、变票配票等涉嫌故意接受虚开增值税发票的下游企业，依托增值税发票管理新系统，加强数据分析应用，逐步建立健全“国家税务总局、省税务局两级即时监控预警，主管税务机关快速核查反馈”的增值税发票风险快速反应工作机制，核查有问题企业准确率达到90%左右，既有效提高了查处发票违法行为的精准性，又减少了对正常生产经营企业的打扰，维护了国家税收安全和税收秩序。

完善组织保障。2018年国税地税机构合并后，国家税务总局在省级及省级以下税务机关成立专门的大数据和税收风险管理部门，统筹开展税收大数据和风险管理相关工作。2019年，国家税务总局又成立大数据和风险管理部门，进一步拓展数据广度、提升数据精度、促进数据应用，统筹开展税收风险管理工作，进一步理顺了税收风险管理机制。

加强大企业税收管理与服务

大企业是国民经济的重要支柱，是国家税收收入的主要来源，在我国经济和社会生活中起着十分重要的作用。加强大企业税收管理与服务，就抓住了税收管理与服务的“关键少数”。2008年，国家税务总局组建大企业税收管理司，专门承担为大企业提供纳税服务、实施税源监控和管理等工作职责。各地税务部门或设立大企业税收管理机构，或明确相关业务部门承担大企业税收管理和服务职能，加强了大企业税收管理与服务。2009年，国家税务总局明确了“以纳税人需求为导向，为大企业提供更有针对性的个性化服务；以风险管理为导向，建立健全大企业税务风险管理体系，实施专业化管理；加强税企合作，有效提高大企业税法遵从度，降低遵从成本”的大企业税收专业化管理思路，并制定《大企业税务风险管理指引（试行）》，完善大企业风险管理技术手段，引导企业建立健全税务风险内部控制体系，提高企业税务风险自我管理能力和水平。同时，逐步确定部分大型企业集团作为定点联系企业，直接开展管理和服务工作。以成立专门机构和实施专业化管理为标志，我国大企业税收管理与服务步入新的发展阶段。

自2015年10月起，国家税务总局进一步推动大企业税收管理与服务改革，提升大企业集团的税收风险管理层级，把年缴纳税收收入3亿元以上，累计缴纳税收收入占税务部门组织收入约40%的1062户大企业集团纳入“千户集团”进行管理，并充实管理力量。2017年，国家税务总局发布《千户集团名册管理办法》和《千户集团税收风险管理工作规程（试行）》，全方位提升大企业管理水平。一是绘族谱、摸家底。建立了《千户集团族谱名册

（2.0 版）》，共绘制了 279 张图谱，实现了实时分析、实时监控。二是建指标、防风险。依托税收大数据开展大企业税收风险分析，建成了指标体系和风险分析平台，并结合人工专业复评，在我国税收管理历史上首次实现了对全集团、全流程、全税种的税收风险管理。三是辅决策、促治理。通过建立一套信息系统，掌握企业财务报表，开展税收经济分析并形成分析报告，反映我国经济运行的态势，积极提出意见建议供领导决策参考。通过规范大企业涉税行为，促进提高税收和经济治理水平。四是优服务、强遵从。建立集税企沟通、政策服务、风险提醒、引导遵从为一体的大企业纳税服务业务体系，税企合作共同防范风险，以服务促管理，提升大企业满意度和税法遵从度。同时通过研究行业风险特征、梳理行业政策规定、分析行业共性风险、细化风险控制方法、梳理风险典型案例、编制《千户集团年度报告》和《千户集团税收风险分析应对工作指引》等举措，积极引导千户集团大企业规范涉税行为。

2018 年，国税地税征管体制改革后，省级税务局统一设立了大企业税收管理部门，部分市级税务局设立了大企业税收管理科，既负责国家税务总局确定的“千户集团”成员单位的属地管理与服务，又负责本单位确定的大企业税收管理与服务。2019 年，国家税务总局将“千户集团”进一步扩展到 2050 户，成员企业共 27.5 万户，累计缴纳的税收收入占全国税务部门组织税收收入的 45%，税收规模越来越大。至此，经过 10 余年的探索实践，我国大企业税收管理与服务体系日渐成熟，迈入规范化专业化道路。

提升税务稽查质效

税务稽查是税收征管工作的重要组成部分，担负着打击涉税违法行为、整顿和规范税收秩序的重任。20世纪90年代之后，伴随逐步实现“征收、管理、检查三分离”或“征收管理、检查两分离”，税务稽查工作得到日益加强，机制不断探索创新，职能作用较好发挥。特别是党的十八大以来，全国税务部门按照“分类处理，引导遵从，鼓励自纠，审慎善意，罚当其责，重拳出击”的理念，进一步提升了税务稽查现代化建设水平。

税务稽查机构逐步健全。20世纪90年代末，国家税务总局成立稽查局，之后逐步建立健全省市县稽查机构，承担打击涉税违法行为的职责。2017年，为深入贯彻落实党的十九大关于深化行政体制改革、创新监管方式的部署要求，按照中共中央办公厅、国务院办公厅印发的《深化国税、地税征管体制改革方案》有关规定，根据中央机构编制委员会办公室批复，国家税务总局分别设立了驻北京、广州、重庆特派员办事处，主要承担对工作范围内税务机关贯彻执行党中央、国务院决策部署情况的督查、税收执法督察、财务内审、跨区域涉税大案要案稽查等任务。挂牌运行以来，三个特派员办事处持续完善工作机制，深化内外部门合作，聚焦“假企业”虚开发票和“假出口”骗取退税，持续开展集中精准强力打击，在深化“放管服”改革、优化营商环境等方面发挥了重要作用。2018年，在国税地税征管体制改革中，撤销县局稽查局，设立市级局跨区域稽查局，进一步集约稽查力量，提升稽查层级和执法独立性，稽查机构设置更加合理。同时，进一步增强稽查力量，有力保证了跨区域税务稽查职能的有效发挥。2019年，国家税务总局又组建了驻沈阳、上海、西安特派员办事处，与驻北京、广州、重庆特派员办事处一起，形成更为优化协同高效的跨区域税务稽查和督察内审组织体系，进一步优化税务执法方式，健全税务监管体系，继而推动减税降费等惠民利企政策落地生根，增强纳税人、缴费人享受政策红利和办税缴费便利的获得感，更好服务国家治理体系和治理能力现代化。

税务稽查方式持续优化。2015年以来，国家税务总局按照国务院关于“放管服”改革部署，全面推广“双随机、一公开”监管，搭建“金税三期工程税务稽查双随机工作平台”，建立总局、省、市税务机关随机抽查对象名录库和执法检查人员名录库，实现检查对象的随机抽取和执法检查人员的随机选派。将“双随机”选案与大数据分析紧密结合，既提高税务稽查的精准性，又促进执法的规范性，既加大了稽查工作力度，又不给经济增长增加紧张氛围，为服务经济社会发展创造了良好的税收环境。2015—2018年，全国税务稽查部门共随机抽查纳税人37万余户，查补收入3000余亿元。

稽查运行机制更加高效。1995年，国家税务总局制定《税务稽查工作规程》，明确了税务稽查的基本原则和业务流程，并于2009年根据《中华人民共和国税收征收管理法》及其实施细则进行全面修订。2016年，国家税务总局出台《全国税务稽查规范（1.0版）》，2019年又进行了升级，对每一个税务稽查业务事项和执法环节作出详细规定，规范稽查执法流程和工作要求。同时，针对国税地税机构合并后稽查机构的实际情况，制发规范稽查机构运转的通知，明确了各类稽查机构之间的职责关系、运转程序，提升了稽查机构运转的规范性和实效性。

案件查处质效显著提升。多年来，税务稽查部门认真履行打击涉税违法行为的职责，优化稽查资源配置，提升稽查执法效率，完善执法制度支撑，用好行政执法手段，加大税务行政处理力度，开展行政执法效能考评，有效促进了依法查处税收违法案件工作，有力发挥了稽查震慑作用。2013—2018年，税务稽查累计查补收入超过9000亿元。在查处涉税违法案件的同时，通过典型案件剖析，总结归纳税收征管薄弱环节和政策漏洞，提出强化征管建议，推动政策完善，在以查促管等方面发挥了积极作用。

拓展巩固税收共治格局

税收工作涉及面广，需要方方面面的支持配合。党中央、国务院高度重视税务工作，2000年1月12日—19日，中共中央在中央党校举办省部级主要领导干部财税专题研讨班，对增强领导干部特别是高级领导干部税收意识、加强和支持税收工作具有重要意义和深远影响。多年来，税务部门一直注重争取各方面支持，先后探索推进了税检合作、税警合作等部门合作，推动建立和巩固深化税收共治格局，凝聚做好税收工作的合力。特别是党的十八大以来，税收共治格局逐步得到更快推进、更大拓展。

2015年，中共中央办公厅、国务院办公厅印发的《深化国税、地税征管体制改革方案》，对建立健全党政领导、税务主责、部门合作、社会协同、公众参与的税收共治格局提出明确要求。国家税务总局以此为契机，推动所有省（区、市）制定了税收保障条例和相关办法，为构建税收共治格局提供制度保障，进一步实现税收治理由单一作战向社会共治的转变。推进涉税信息共享，与发展改革委等14个部门联合出台《公共资源交易平台管理暂行办法》，推动建立公共资源交易涉税信息共享机制；与发展改革委、贸促会、海关总署等部门就协同推进信息共享机制建设签署有关合作协议，进一步拓展信息共享的深度和广度。加强联合惩戒与联合激励，与发展改革委、人民银行等29个部门对纳税信用A级纳税人实施41项联合激励措施，与发展改革委等34个部门对重大税收违法案件当事人实施28项联合惩戒措施，让守信者“一路绿灯”，让失信者“寸步难行”，成为我国政府部门中第一个既有激励措施又有惩戒措施、第一个推出守信联合激励和失信联合惩戒措施升级版、第一个有规范“红黑名单”制度作为支撑的部门，进一步发挥了纳税信用在社会信用中的基础性作用。2014年10月实行“黑名单”制度至2019年9月期间，全国税务机关累计公布“黑名单”案件30645起，将“黑名单”当事人全部纳入纳税信用D级范围并依法采取严格管理措施。自2016年12月起，税务部门将相关案件信息推送给相关部门实施联合惩戒，截至2019年9月底，各部门累计对税收违法“黑名单”当事人实施联合惩戒39.3万户次，在联合惩戒的强有力震慑下，有1650户“黑名单”当事人主动缴清税款、滞纳金和罚款后从中撤出。同时，国家税务总局按年开展纳税信用评价，积极向有关方面推送纳税信用A级企业名单实施联合激励。2019年1—6月，全国纳税信用A级纳税人共享受联合激励198.8万户次，有效增强了守信企业获得感。健全税收司法保障机制，2016年5月，公安部派驻税务总局联络机制办公室正式挂牌成立，2017年9月，全国省级已实现派驻联络机制全覆盖。争取支持加大税法普及教育力度，特别是与教育部联合印发《关于加强青少年学生税法宣传教育的通知》，将税法纳入国民教育体系，建立青少年学生税收法治宣传教育的长效机制。

税收共治在随后的全面推开营改增试点、国税地税征管体制改革、更大规模减税降费政策落实等税收重大改革事件中得到进一步发展。每经历一次重大改革，各地区、各部门对税收工作的理解和支持就加深一层，共治的局面就更加拓展和牢固一些。

2016年，在全面推开营改增试点中，国务院建立了营改增部际联席会议机制，集中专题讨论、研究推进营改增工作；各地党委、政府领导通过各种方式对营改增给予支持指导，其中省部级领导干部对营改增工作作出肯定性批示近400次；各相关部门对营改增试点工作给予了大力支持，特别是发改、物价、旅游等部门对多家国际酒店集团以营改增为名进行涨价的行为予以严肃查处，为营改增营造了良好氛围，进一步推动形成了税收共治局面。

2018年，在国税地税征管体制改革中，税收共治得到进一步深化。这场意义重大、影响深远的改革，得到了中央纪委国家监委、中共中央办公厅、中央组织部、国务院办公厅的大力指导，得到了中央编办、财政部、司法部、人力资源社会保障部、卫生健康委、医保局等部门的大力支持，各级地方党委和政府均积极支持改革，做到了“五个全部”，即全部省（区、市）党委政府主要领导均对支持国税地税征管体制改革作出了指示批示，全部省、市、县均设立了税务机构改革专项组协助推进改革，全部省、市、县均召开了改革座谈会，全部省、市、县领导均分别参加了新税务机构挂牌仪式，全部省（区、市）政府都召开了社会保险费和非税收入征管职责划转准备工作动员部署会，制定了本省社会保险费征管职责交接工作方案，确保了改革顺利落地。

2019 年，在落实更大规模减税降费政策中，全国税务系统充分发挥税务机构改革后实行双重领导管理体制的优势，注重主动汇报沟通争取支持，主动加强宣讲赢取共识，主动配合接受外部监督，着力推动构建落实减税降费的共治格局，税收共治实践更加丰富生动。各级党政领导高度重视减税降费工作，通过指示批示、实地调研、召开座谈会等形式，对税务部门进行指导，给予大力支持。各省（区、市）或成立了由政府领导牵头的减税降费工作领导小组，或建立了工作协调机制，有力推进相关工作。部分省委召开常委会专门研究或听取减税降费工作汇报，省委书记、省长、常务副省长专程到税务部门调研指导工作。同时，各部门也给予了大力支持、鼎力协助，协同推进减税降费工作顺利有效开展，进一步深化了税收共治格局。

历史见证

一本税源清册：见证70年税收征管变迁

在汕头市澄海区税务局的文化展厅，一本手写的税源清册静静陈列在展柜里。由于年代久远，清册的书钉装订线早已锈迹斑斑，薄脆微皱的纸张也部分散落，泛黄的封面上赫然印着：澄海县财税局东方红财税所一九七二年度税务征管资料册。

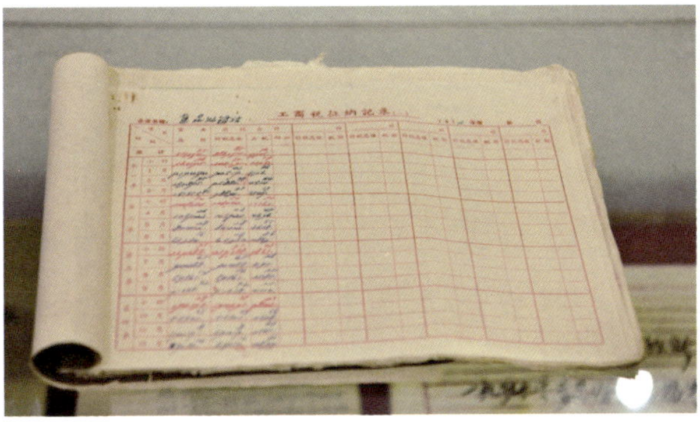

汕头市澄海区税务局文化展厅收藏的手写税源清册

“1961年，为了方便整理企业纳税资料，我和税政股的两名同志合力设计了这本手册。1972年试点简并税制，我们又对手册进行了更新，重整税目分类，使表格看起来更直观。当时所里的专管员人手一本，去纳税检

李少猷老人讲述他与手写税源清册的故事

查、促产培财时都在这个手册里做记录。”20世纪50年代入税的老干部李少猷捧着这本税源清册，向记者讲起新中国成立初期的这一段往事。

翻开这本清册，黑色、蓝色或红色的钢笔字迹清秀工整，记载着当年东方红人民公社食品购销站的每一笔纳税申报数据。“用现在的话来说，一本税源清册就是一户企业的成长档案，涵盖了企业基本情况登记表、工商税征纳记录、月份纳税申报表、企业财务指标月报表、资金表、经营情况表，以及专管员的工作纪要等内容。”李少猷说道。

从新中国成立到20世纪80年代中期，我国税收征管实行的是“一员进户，各税统管”的税收专管员模式。专管员对企业的纳税事宜实行统一负责办理，收税、开票、记账等征收环节都是手工操作。一本本手写的税源清册，是当时税收专管员们夜以继日查账收税的工作纪实，也是老一辈税务人严谨细致、精益求精“工匠精神”的载体。

在这本清册的末页，还夹带着一叠厚重的工商各税缴款书，是该户企业在1972年度所有的缴款凭证，税款金额从几元到几千元不等，每一张都是“纳税光荣”的象征。李少猷一边翻阅清册，一边说起当时管辖片区相关企业的一二事，仿佛回到了那段“走街串巷上门收税”的日子。

现在，浸染岁月痕迹的手写清册已成为“过去时”，税收征管模式发生翻天覆地的变化，李少猷这一辈人对此深有体会。“后来有了计算机和打印设备，大家不用再一笔一画记录征纳情况，在电脑上就能快速建表格、输入数据，打印出申报表、登记表等资料，变化太大了。”李少猷感慨地说道。

20世纪90年代，随着计算机技术的发展和计算机网络的普及，税收征管环节的手工操作减少，手写的征管资料档案逐渐被纸质打印资料所代替。“这一时期，我国税收征管也开始探索由专管员管户模式向职能分工模式转变，初步实现各征收环节的相互制约。1997年税务机关更全面推行了‘以申报纳税和优化服务为基础，以计算机网络为依托，集中征收，重点稽查’的30字征管新模式。”汕头市税务局征收管理科科长赖则华介绍。

进入21世纪，税收征管模式不断向信息化、科学化、精细化管理迈进，征管体制改革成了税收工作的重要组成部分。顺应“互联网+”的蓬勃发展势头，税务部门将互联网、大数据等信息技术引入税收征管领域，开发全国统一的核心征管软件，建设全国统一的税务云等，税收征管也步入了一个全新的时期——“互联网+税务”时期。

这时，已经退休的李少猷总是能从老同事那里听到许多喜人的变化。“过去纳税检查、统计核算要手工翻阅浩如烟海的纸质资料，就像大海捞针一样，效率很低，现在征管数据都

税务人员使用广东省电子税务局电子档案系统查询资料

在信息化系统里，电脑鼠标轻轻一点，就能查询到想要的东西。”李少猷笑着说。

2016年6月，全国首个“省级电子税务局”在广东正式上线运行。作为国家税务总局第一批“互联网+税务”试点示范工作，广东省电子税务局全面突破依附于纸质资料的传统模式，凭借先进的电子凭证技术和文书管理系统，真正实现了纳税申报无纸化、涉税申请无纸化、审核审批无纸化等，大大减轻了纳税人的办税成本。

赖则华告诉记者，电子税务局在实现办税全流程电子化的同时，也简化了税务机关的文书归档业务，涉税事项办理各环节不再需要按户进行手工归集、整理、入盒、归档等，显著提升了工作效率，大幅降低了管理成本。2019年3月起，广东省税务局更进一步明确，全省税务机关统一使用广东省电子税务局电子档案系统，通过该系统进行税收征管档案的整理、登记、扫描和归档等工作。

从手写记录纳税情况，到计算机打印纸质资料，再到统一的电子档案系统，税收征管资料载体变化的背后，酝酿着大数据时代的深刻变革。“省、市、县（区）多级涉税信息实现互联互通，税务部门还进一步与其他政府部门开展数据共享合作，通过涉税数据收集与分析实施数据管税，提高税收现代化治理的能力。”赖则华指出。

70年弹指一挥间。一本手写的税源清册，如同一把打开旧时光的“钥匙”，带领我们走过共和国税收征管模式变革的峥嵘税月，也见证了70年间国家和社会发展取得的重大成就。无论是一笔一画的工整记录，还是现代信息技术的编程代码，都承载着税务人对税收事业的无限情怀，激励着一代代税务人为祖国、为人民创造税收现代化的美好未来。

（来源：国家税务总局网站）

腾飞之翼

——税收信息化是如何推进升级的？

中华人民共和国成立70年来，一代代税务人上下齐心、接续奋斗，从购进第一台计算机，到成立专门的信息化管理机构，再到金税工程的全面实施，税收信息化建设取得了巨大成就。特别是党的十八大以来，新时代的税务人顺应时代潮流，按照税收现代化的内在要求，把税收信息化建设作为推动税收改革发展的先导性、战略性和基础性工程，积极探索构建符合国际发展潮流、具有中国税务特色的信息化体系，为税收改革发展插上金色腾飞翅膀。

税收信息化发展历程

自20世纪40年代中期电子计算机问世以来，信息革命蓬勃发展，人类阔步迈向信息化社会。我国的税收信息化建设起步于20世纪80年代初，之后伴随着国家信息化建设步伐不断加快，税收信息化建设也呈现出迅猛发展之势。1985年，税务部门开始在税收工作中应用计算机。1994年税制改革后，为应对犯罪分子利用增值税专用发票偷骗国家税款问题，开始建设旨在加强增值税专用发票监控管理、打击利用增值税专用发票进行违法犯罪活动的金税工程，随后金税一期、二期陆续推广上线。1997年，按照国务院办公厅批转国家税务总局报送的关于深化税收征管改革的方案精神，落实税收征管模式“以计算机网络为依托”的要求，税收信息化建设步伐进一步加快。2002年和2006年，国家税务总局两次召开全国税务系统信息化建设工作会议，提出要坚持科技加管理双轮驱动的理念，税收信息化建设迈向深入。2009年，国家税务总局全面启动金税三期工程第一阶段建设工作，税收信息化建设开启了新征程。

党的十八大以来，习近平总书记高度重视网络安全和信息化工作，强调网络安全和信息化事关国家长治久安。2014年，中央网络安全和信息化领导小组成立，习近平总书记亲自担任组长，就网络安全和信息化建设发表了一系列重要讲话，提出一系列新思想、新观点、新论断，体现了党对互联网发展和信息化建设规律的深刻认识和准确把握，为包括税收信息化在内的国民经济和社会信息化发展提供了根本遵循、指明了前进方向。国家税务总局认真贯彻党中央、国务院部署，紧紧围绕税收现代化中关于建设稳固强大的信息体系的要求，顺应信息技术革命的浪潮，抢抓机遇、迎接挑战，坚定不移地走科技兴税之路，全面建成了金税三期系统、增值税发票管理新系统、电子税务局、自然人税收管理系统等重大应用系统，大力推进“互联网+税务”，不断提升数据治理和运用水平，为更好发挥税收在国家治理中的作用提供了强有力的信息化支撑。这一时期的税收信息化建设，具有以下鲜明特点：

一是紧跟先进技术发展潮流。税收信息化建设注重借鉴和吸收云计算、大数据、人工智能、物联网、区块链等最新科学技术成果，在一次次技术更迭与创新中寻求税收管理和服务的转型与升级，以不断适应新时代新环境新挑战，使税收工作大步向“智慧税务”迈进。

二是坚定不移走一体化发展之路。遵循信息化发展内在规律，国家税务总局加强对税收信息化建设的统一组织和集中领导，坚持统一规划，以统一的思想、统一的步调、统一的行动推进技术基础平台建设、软件开发等工作，有效杜绝了各自为政、分散建设、重复开发，防止了应用系统功能交叉、兼容性差、信息不共享和资源浪费等问题，节约了建设投资，提升了信息化建设的效益。

三是坚持业务与技术相融合。既根据税收业务工作变化，相应完善应用系统功能，又充分利用信息技术，推动税收业务整合、优化，最大限度发挥信息技术作用，实现了税收业务与信息技术相互促进、协调发展。特别是伴随着金税三期系统的持续升级优化，税务部门不断改造和提升税收管理等核心业务，用先进的信息化系统支撑复杂的税收业务系统，提升了税收征管质效，完善了税收治理体系。

四是注重发挥信息化建设在支撑重大税收改革发展中的作用。通过税收信息化建设，特别是实施“互联网＋税务”行动计划，积极建设电子税务局、增值税发票管理系统、自然人税收管理系统（ITS）等应用系统，既优化了纳税服务，也加强了税收征管，有力保障了全面推开营改增试点、国税地税征管体制改革、综合与分类相结合的个人所得税改革、落实更大规模减税降费政策等重大税收改革发展任务平稳落地。

金税工程建设取得重大成效

1994 年，我国实行的税制改革主要内容之一是建立增值税制度。如何管住增值税发票，确保增值税新税制顺利运行，成为我国增值税征管的首要课题。为此，国家税务总局根据国务院领导同志指示，借鉴国外一些国家的经验做法，引入现代化技术手段加强对增值税发票的管理控制，着手建设金税工程。

金税工程是经国务院批准建设的国家级重大电子政务工程，经历了一个长期的建设、升级、完善的过程。1994 年，国家税务总局组织建设在 50 个大中城市试点的增值税计算机交叉稽核系统，即金税一期工程。1998 年，金税二期工程正式立项，在 1999 年 3 月正式启动，于 2001 年 7 月成功开通运行增值税防伪税控开票、认证、交叉稽核、协查四个系统，推动增值税管理逐步实现系统化和规范化，有力提高了增值税征管质效。

2002 年，中共中央办公厅和国务院办公厅联合下发《国家信息化领导小组关于我国电子政务建设指导意见》，要求大力推进金税三期工程建设。自此，金税三期工程正式拉开序幕。按照发展改革委批复，2009 年，国家税务总局全面启动金税三期工程第一阶段建设。2013 年 2 月起，在重庆、山西、山东省税务机关陆续开展单轨运行，为全国推广积累了经验。2013 年底，国家税务总局按照“强化管理、分散风险、确保稳定”的总体思路，抓住“应用省级集中为主、总局集中为辅，总局、省局两级数据集中”这一核心，启动了金税三期工程全面优化工作，形成了可全国推广的信息系统版本，金税三期工程建设步伐进

2000 年 10 月 27 日，时任国家税务总局党组书记、局长金人庆（左四）出席全国税务系统加快金税工程建设电视电话会议。

一步加快，开启了全面推广之路。2016 年 10 月，金税三期核心应用系统全面上线并平稳运行，建成了规范执法、优化服务、管控风险、信息共享的“大平台”。

金税三期工程按照“一个平台、两级处理、三个覆盖、四类系统”的总体目标进行设计、建设。“一个平台”是指建立一个包含网络硬件和基础软件统一的技术基础平台，全国网络覆盖率达 100%。“两级处理”是指依托统一的技术基础平台，实现应用、数据信息在国家税务总局和省税务局集中处理，形成年事务处理量近 100 亿笔、税务机关内部用户超过 60 万人、纳税人及其他外部用户超过 1 亿人（户）的全国税收管理信息系统。“三个覆盖”是指信息系统覆盖所有税种、覆盖税收工作各主要环节、覆盖各级

2016年10月，金税三期系统全面上线。

税务机关，并与有关部门联网。“四类系统”包括征收管理系统、行政管理系统、外部信息系统和决策支持系统。其中：征收管理系统包括核心征管、个人税收管理等子系统；行政管理系统整合了综合办公、人力资源、纪检监察、财务管理等系统；外部信息系统包括外部信息交换等子系统；决策支持系统包括查询统计、征管状况分析、报表管理、风险管理、信用管理等功能。

2017年以来，国家税务总局大力推进信息系统整合优化工作，圆满完成金税三期系统优化升级。2018年国税地税机构合并，原国税地税信息平台融合提升成为当务之急。国家税务总局研究制定了金税三期并库工作系列方案，按照“先试点，后分批”的路线图，分三批推进并库上线工作。各级税务机关坚持“带电作业”，网络不断、工作不歇、服务不停，实现平稳平滑过渡，既保证了内外衔接运转顺畅，又使纳税人和缴费人办税缴费不受影响，保证了纳税人充分享受机构改革带来的办税便利。2018年12月，全国首批试点单位浙江省税务局、宁波市税务局顺利实现并库上线。2019年3月，全国省级税务机关全部实现并库上线。2019年4月征期，金税三期系统顺利通过多税种集中申报、减税降费政策密集实施等多重叠加考验，标志着金税三期并库工作取得成功。至此，金税三期实现了原国税地税金税三期系统数据库“两库并一库”、纳税人信息“两户变一户”，国税地税征管体制改革的税务信息系统优化整合任务全面完成。

同时，为打造优化高效统一的税费征管体系，国家税务总局组织攻关、开发建设基于金税三期的社会保险费征管信息系统，推进社会保险费信息化建设。截至2019年9月底，全国27个省（区、市）税务局使用金税三期社会保险费征管信息系统，9个省（区、市）税务局建设了具有本地化特色的社会保险费征管信息系统。

随着金税三期工程全面推广到位和优化升级，我国税收信息化建设迈上了一个大的台阶。一是统一税收执法标准。金税三期工程在我国税收史上首次实现了基础平台、应用软件、业务标准等方面的统一，并与税收征管、纳税服务等业务规范相融合，从技术上实现税收执法的痕迹化管理和全国办税流程的统一化，促进了税收执法的规范性，降低了税收执法的随意性，进一步保障了税收执法的公开、公平、公正。二是实现全国数据集中。全国税务部门产生的数据，当日集中到国家税务总局，实现对税收风险的及时、全面比对识别，既能有效

2019年3月，税务干部夜以继日奋战金税三期并库。

堵塞管理漏洞、防范税收流失，又可以有效发挥税收大数据优势，全面开展经济税收等方面分析，为党中央、国务院及地方党委政府决策提供参考。三是降低征纳双方成本。金税三期工程全面推广到位，进一步节约了税收征管成本，提高了征收管理、统计核算、执法监督等方面工作效率。同时，通过逐步统一纳税服务平台，为纳税人提供足不出户、如影随形的便利化纳税服务，极大地减轻了纳税人办税负担、增强了纳税人获得感。四是保障税收改革任务。金税三期工程强大的技术保障能力，有力地支持了营改增试点、减税降费等重大改革的顺利推进。五是促进社会综合治税。金税三期工程构建了外部信息管理系统，建立了信息交换标准体系，为与政府相关部门的数据信息共享做好了技术、标准与规范准备，有利于促进政府大数据整体管理和应用水平提升，推动社会信用体系建设，更好地服务国家治理体系和治理能力现代化。

开展“互联网+税务”行动

为落实2015年《政府工作报告》中提出的实施“互联网+”行动计划的要求，税务部门积极推动“互联网+税务”，形成了“总局规划评比、省局组织推动、省城重点突破、社会广泛参与、前台放开创新、后台有序探索、应用百花齐放”的工作格局。

顶层设计。2015年7月，国务院下发《关于积极推进“互联网+”行动的指导意见》。国家税务总局积极响应，于2015年9月印发《“互联网 + 税务”行动计划》，探索推进互联网与税收工作的融合，规划了社会协作、办税服务、发票服务、信息服务、智能应用 5 大板块、20 项重点任务，勾勒出到 2020 年实现普惠税务、智慧税务的蓝图。2016 年，在实现金税三期工程全面成功上线的同时，按照国务院“互联网 + 政府服务”工作部署，国家税务总局下发《关于贯彻落实“互联网 + 政务服务”工作的实施意见》，围绕 2020 年建成全国通用电子税务局、实现互联网与税收工作深度融合的总体目标，推出 4 个方面 15 类事项 52 个具体措施，进一步推动办税服务走上“互联网 +”快车道。

上下联动。国家税务总局和各地税务机关上下联动，探索创新“互联网 + 税务”应用，促进行动计划逐步转化为创新成果，提高税收管理和纳税服务水平，取得了良好成效。2015 年 12 月，国家税务总局下达了第一批 11 类 28 项“互联网 + 税务”试点任务，一场场主题鲜明的科技创新和业务实践在全国税务系统如火如荼地展开。各地税务机关纷纷以纳税人需求为导向，进一步优化网上办税业务，注重用户体验、不断提质升级，推出了移动办税、微信办税等服务举措，纳税人通过“点”“划”“扫”“拍”“说”，即可轻松办理涉税业务。同时，整合原国税地税办税平台、统一办税入口，开通网上预约、网上预审、网上申领发票等业务，实现线上线下有机融合，让纳税人多跑“网路”、少跑“马路”。

全面铺开。为着力发挥创新驱动发展的“助推器”作用，国家税务总局于 2016 年底开展“互联网 + 税务”项目评优工作，累计收集到来自各省（区、市）税务局321个项目、38.2万税务干部提交的432万条意见，充分体现了各地“互联网+税务”创新实践的蓬勃生机。国家税务总局从中梳理出215项可复制、可推广的成果，下发各地参考借鉴，在全国税务系统掀起了开发应用“互联网+税务”项目的热潮，提升了“互联网+税务”的整体应用水平。

从2016年下半年起，国家税务总局将金税三期系统完善升级与“互联网+税务”深化推进有机结合，着力打造一个功能强大、国内领先、国际一流的智慧税务信息系统，推动税务部门管理更高效、执法更规范，纳税人缴费人办税缴费更便捷，税收数据服务领导决策更精细有效。

建成增值税发票管理新系统

为进一步加强发票管理，从2014年开始，国家税务总局对原有发票管理系统进行全面改造，开发运行增值税发票管理新系统，利用现代信息技术尤其是网络技术将所有增值税发票及其相关信息“一网打尽”。增值税发票管理新系统于2015年底实现了一般纳税人和起征点以上小规模纳税人的全覆盖。截至2019年6月底，使用增值税发票管理新系统开具发票的纳税人达2200余万户，每年通过该系统开具的发票超过100亿份。

增值税发票管理新系统实现了发票管理的根本性变革，在防控税收风险、优化办税服务、规范税收执法、服务宏观决策等方面发挥了重要作用。

打假票。增值税发票管理新系统能够采集比对包括购销单位、货物品名等汉字信息在内的发票全要素信息，并将其及时存储在电子底账库，从技术上实现对“真发票开假内容”的辨析，成为治理假票和真票假开、假用问题的“撒手锏”，有效促进解决困扰税务部门多年、反复打击却不断反弹的发票管理“痼疾”。

防风险。增值税发票管理新系统通过比对、分析发票信息，及时发现并向基层税务机关推送税收流失风险。据统计，经核查有问题的企业占国家税务总局推送风险企业数量的比率约为90%。

优服务。纳税人使用增值税发票管理新系统，均可通过网络一次办理发票的开具、缴销、报税、查验真伪等大部分事项，避免了到办税服务厅排队、来回跑的麻烦，提高了办税效率，减轻了办税负担。英国皇家税务和海关总署署长爱德华·楚普在实地察看增值税发票管理新系统的运行情况后认为，中国税务部门面对如此多的纳税人，运用增值税发票管理新系统有效管控了税收风险，并保证了税收改革的顺利推行，充分表明了中国实现税收现代化的信心。

辅决策。增值税发票管理新系统实时采集包括交易双方名称、商品种类、金额数量等方面的完整准确信息，广泛、快捷、真实反映物流活动的流向、流速、流量、价格、规模等。这些数据具有最小颗粒度特征，最能反映地区、行业经济运行状况和经济景气指数等，可以为党中央、国务院和各级党政领导决策提供有价值的基础信息。

助反腐。依托增值税发票管理新系统形成的大数据库，税务部门及相关审计、纪检人员可以全面分析比对企业购销情况，及时发现和遏制利用发票报销私人消费、开假品名套取财政资金等行为，从源头上堵塞虚开发票的腐败漏洞，助推反腐败工作。

建成规范统一的电子税务局

为满足纳税人实际需求、适应信息技术飞跃发展形势、顺应国税地税征管体制改革需要，电子税务局应运而生，并日趋完善。

2018 年，基于纳税人需求和税收改革要求，国家税务总局编制了全国统一的电子税务局建设规划、方案和规范，指导各地税务机关推进网上办税系统渠道、界面、登录“三整合”，于当年 12 月建成全国统一规范的电子税务局，实现了界面标准统一、业务标准统一、数据标准统一、关键创新事项统一，大幅提升了办税网络化、便利化、规范化水平。通过电子税务局，实现涉税事项的跨区域远程办理、跨层级联动办理、跨部门协同办理，为纳税人提供足不出户、如影随形的办税新体验，有效提高了办税便利度和纳税人获得感。

2019 年，在开展第一批“不忘初心、牢记使命”主题教育期间，国家税务总局聚焦办税痛点、堵点、难点问题，总结提炼电子税务局建设运行的实践成果，制定下发《电子税务局建设规范（2019 年版）》。该规范遵循“以业务创新为引领、以电子办税为手段、以数据驱动为主线、以技术支撑为保障”的整体思路，以纳税人便利办税、税务机关智能管税为立足点和出发点，重点对业务功能分类标签化、业务办理授权差异化、业务流程电子化、资料报送无纸化、数据推送主动化、业务审核在线化、办税渠道多元化等方面进行设计和规范。同时，强化安全建设标准，补充了电子签名签章、消息通信服务管理、移动办税等方面的内容。该规范的实施落地，既使网上办税功能更全面、办理流程更简便、办税渠道更多元，又让税务人业务审核更规范、管理模式更统一、操作流程更标准，更好回应了纳税人、缴费人需求和基层税务干部期盼，减轻了征纳双方负担，全面提升了税收服务和管理事项“一网通办”水平。

建成自然人税收管理系统

从 2018 年底开始，我国分两步实施综合与分类相结合的个人所得税制改革。改革带来亿量级纳税人信息采集归集、自行申报、汇算清缴、退补税等新增业务，原有以实现代扣代缴和零散税源管理业务为主的个人所得税管理系统，无法满足“预扣预缴 + 自行申报”、汇算清缴、事后风险管理等改革要求。为此，国家税务总局自 2018 年 3 月起，历时 9 个月集中攻坚，以云技术为架构，建设具有 4 大操作渠道、涵盖新税制征管 480 余项功能的自然人税收管理系统（ITS）。为保证系统顺利上线、稳定运行，国家税务总局先后组织全国 5100 多个办税厅、5.4 万人顺利进行压力测试，组织 4.9 万户扣缴义务人、83.8 万名纳税人进行两次模拟运行，保证了系统于2018年12月底在全国顺利部署上线。

ITS系统由“一个平台、两套系统、三种集成、四条渠道、全面安防”构成。一个平台，即个人所得税云平台。采用云计算和大数据技术，基于云平台资源统一构建，为ITS系统提供支持高并发、高性能、高可靠性、弹性伸缩的云基础设施。两套系统，即业务中台和数据中台。按照全国自然人业务处理中心进行设计与实施，分布式构建多个服务中心可承载所有交易型业务；具有海量数据处理能力，可承载报表分析、会统核算等复杂数据运算场景。三种集成，即以构建自然人税收服务与管理体系为主线，按照全国“一人式归集”设计思路，采用面向功能、面向服务和面向数据三种集成方法，实现ITS系统内部、ITS系统与其他税务系统之间、ITS系统与外部门之间的集成链路。四条渠道，即ITS系统覆盖税务大厅端、扣缴客户端、互联网WEB端和手机APP端，为自然人纳税人申报专项附加扣除信息、享受改革红利，提供方便快捷、安全稳定的多元化办税渠道。全面安防，即ITS系统构建数据管理与技术保障相结合的综合防护体系，全面加强自然人涉税数据安全保护，持续提升应用系统防御能力。

ITS系统的建成，具有重大意义。一是有力支撑个人所得税改革落实落地。根据个人所得税改革一次立法、分步实施的总体规划，ITS系统于2018年10月首次上线，保障个人所得税基本费用减除标准提高和工资薪金所得、经营所得税率调整等政策的落地。2019年1月ITS系统第二阶段上线，面向4条渠道提供信息采集、纳税申报、税款征收、完税证明、会统核算等13类业务、480项功能，全面支撑自然人个人所得税征管新模式。二是初步建成全国统一的自然人税收档案库。为适应自然人跨区域流动、多种税收身份、多种所得类型、多处收入来源的特点，全面、准确掌握其各类收入所得、扣除费用和已缴税款，ITS系统实现自然人税收管理全国数据大集中，初步建成了全国统一的自然人涉税信息档案库。在此基础上，与多个部委信息共享，强化事中事后监控，为自然人全流程动态风险管理、纳税信用评价、政策效应分析等提供基础数据支撑。三是探索创新自然人纳税服务新模式。ITS系统初步建立了“实名认证+办税提醒+预填确认+异议处理+电子缴退税”的新型办税服务模式。截至2019年9月底，已开通线上人脸识别认证方式，并以“线下发放注册码+线上录入开户”为兜底，保障自然人办税安全。税务机关根据管理服务需要，通过系统“消息中心”，直接向纳税人发送涉税服务提醒。通过一人式归集和信息共享，为纳税人预填申报表单，有效提升自然人办税体验。

加强数据治理和运用

习近平总书记在全国网络安全和信息化工作座谈会上指出，鼓励各级政府部门打破信息壁垒、提升服务效率，让百姓少跑腿，让信息多跑路，解决办事难、办事慢、办事繁的问题。随着“互联网+”突飞猛进，特别是进入大数据“云时代”以来，税务部门积极加强数据治理和综合利用，并已取得明显成效。

建立海量数据仓库。2015 年，国家税务总局围绕大数据发展战略和税收现代化目标，制定全面规范数据管理工作的方案，提出逐步建立规范数据管理的组织保障、管理机制、标准规范，从数据标准、数据采集、数据质量、数据共享、数据应用和数据安全等 6 个方面全面加强数据管理，探索建立全国性数据仓库。2016 年 6 月，国家税务总局出台数据管理相关办法。同年，伴随金税三期系统全面上线，实现省级税务机关全量征管数据在国家税务总局集中，初步建成总量超过 150TB 的数据仓库，包括千户集团风险分析、自然人风险分析、深化增值税发票应用、税收经济指数研制等 7 个数据超市，实现对全国税源情况和税款征收情况的动态监控，极大地提升了税收大数据应用支撑能力。

延伸阅读

国家税务总局数据中心（南海）揭牌成立

2005 年 12 月 8 日，国家税务总局数据中心（南海）揭牌仪式在原广东省地方税务局南海税务信息处理中心隆重举行。国家税务总局数据中心（南海）将储存全国各省（区、市）税收数据的备份信息，当发生突发性灾难或故障情况时，能够发挥全国税务系统税收数据灾难备份的功能，使税收工作尽快恢复正常。

建成大数据云平台。国家税务总局基于云计算、大数据技术打造全国税务系统统一的大数据服务云平台，实现了跨层级、跨地域、跨系统、跨业务的数据协同。该平台通过整合全国的税务数据，充分利用第三方交换、互联网采集等外部数据，汇聚法人登记信息9700余万条，形成10余万个数据项、20余万张数据库表、超过1000TB数据量的税收大数据资源。编制了涵盖463个流程、2560张表单、3.8万个数据项的全方位、可视化数据资源目录。数据集成时效从T+30提升到了T+1，大大提升了数据使用的时效性。基于大数据计算和流计算等大数据技术的分布式海量计算能力，比传统数据技术处理性能提升了1000倍。国家税务总局以大数据云平台为主体，开发了涵盖38类1000余个功能、723个业务模型，1177个特征标签，50余个机器学习算法的大数据基础服务，支撑了关系云图、用户画像、票流分析等48个应用，供全国税务机关对税费业务进行全景化动态监控。

加强数据治理。国家税务总局推广应用“数据超市”，在总局层面提供数据测算方案和分析组合方式，开发增值税发票风险监控、稽查选案及案情研判等33个专项分析功能，向各级税务机关开放访问。推出大数据平台“自主探索空间”，面向国家税务总局各司局和各省级税务机关开放关联数据和增值税发票查询分析等7项功能，建立“点线面”三位一体税收数据服务体系。以金税三期并库为契机，组织清理数据8亿余条，税收数据质量大幅提升。深入研究国内外数据管理经验，建立数据管理、信息资源共享管理等制度，利用数据可视化全方位直观展示数据资产情况，持续更新税收数据字典、数据资源目录，稳步推进税收大数据管理立法，逐步实现数据管理有法可依、有章可循。

强化信息系统运行维护

国家税务总局在确立税收信息化建设战略之初，即以运行维护、安全、监控、灾备体系建设为重点，全面加强税收信息化保障体系建设，不断增强技术支持保障能力。

建立技术支持体系。国家税务总局积极建立以我为主、上下联动、反应迅速、高效有序的技术支持体系，努力扩大技术支持的覆盖范围，提高技术支持的工作效率和质量。制发《税务管理信息系统运行维护体系管理办法（试行）》，明确了“以省级运行维护为基础，以国家税务总局呼叫中心为平台，以高级技术支持为后盾，建立协调高效、安全可靠的税务信息系统运行维护体系”工作目标。为组织和协调各应用系统的技术支持力量，自2004年起，国家税务总局根据地域分布、技术力量等因素，在全国成立了哈尔滨、浙江、宁波、厦门、青岛、河南、武汉、深圳、重庆、西安、湖南11个技术支持分中心，承担国家税务总局应用系统的软件升级、推广维护等技术支持工作，较好地适应了信息系统一体化建设需要。

提高技术支持能力。2002年以来，国家税务总局开设技术支持热线和呼叫中心平台，持续收集、整理、解决增值税管理系统、出口退税系统、办公自动化软件等应用系统日常维护问题，初步形成了技术支持知识库。近年来，伴随着金税三期工程建设，技术支持“一网”“一热线”“一平台”也随之建设和运行，进一步扩大了技术支持服务的范围和对象，提高了技术支持服务的效率和水平，构建起税收信息化建设消息发布、工作部署、监督管理和支持服务的综合平台。

强化系统运维服务。整合运维力量，形成以省税务局运维为基础、以国家税务总局运维为依托的两级运维模式。建成系统运行监控平台，自动化推送预警和故障信息，多渠道感知系统运行态势，实现从被动运维向主动运维的转变。国家税务总局建成并全面推广应用运维服务管理平台，对基层税务部门上报的运维事件、问题进行全程跟踪，构建从需求、开发、上线到运维的管理闭环。仅2018年，通过运维平台累计受理运维问题58.05万个，解决率达85%以上。

加强网络安全管理。随着税收信息化的迅速发展，税务系统面临的网络和信息安全风险越来越大。为此，国家税务总局制定了一系列有关计算机安全的规章、制度、指南，统一组织实施税务系统安全防护体系建设，强化各级税务机关网络与信息安全管理。特别是党的十八大以来，随着税收大数据向国家税务总局和省级税务局集中，网络和信息安全风险日益凸显。尤其是个人所得税改革后，大量个人信息集中于税务部门，一旦不慎泄露将会带来难以估量的损失和影响。国家税务总局从治理、管理、技术等多方面严防死守，努力确保网络和信息安全可靠可控。成立网络和信息安全领导小组，统一领导全国税务系统网络和信息安全工作。建立由网络和信息安全领导小组办公室统筹，信息技术部门负责，业主单位具体落实的网络和信息安全组织体系，确保网络和信息安全工作的全局性和整体性。加强网络和信息安全监测预警，对税收网络和信息安全开展全面评估，提升了网络安全防护和应急处置能力。

历史见证

一张发票：见证税收信息化发展

发票是在购销商品、提供劳务以及其他经营活动中的一种收付款凭证，也是会计核算的重要凭据。

现代意义上的发票在中国只有一百多年的历史，大约在晚清时期成型。新中国成立后，1951年全国第一次在税务会议上对发票管理工作作出具体要求。而纳税人与发票之间的“来往”在一定程度上也见证了税收信息化带来的纳税服务的变化。

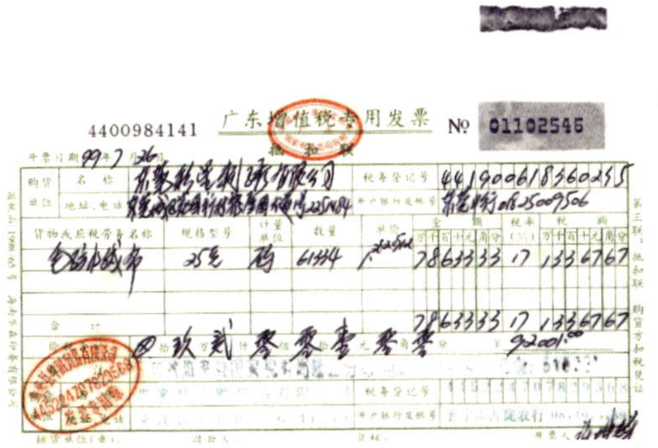

1999年的手写发票

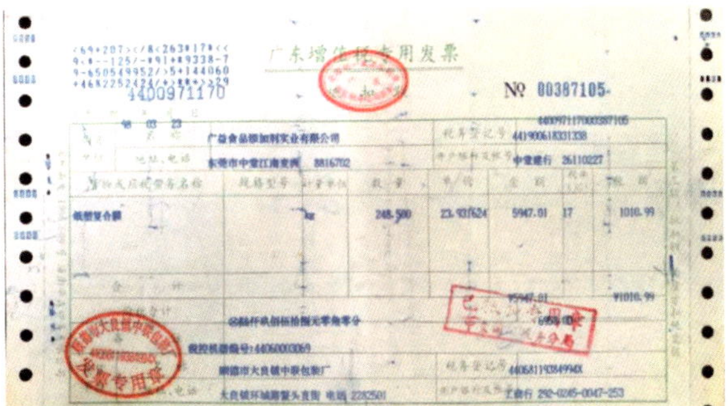

1998年的机打发票

国家税务总局东莞市税务局常平税务分局的税务干部任桂妹入职于1983年，回想起

2009 年，纳税人在税务干部的指导下开出网络电子发票。

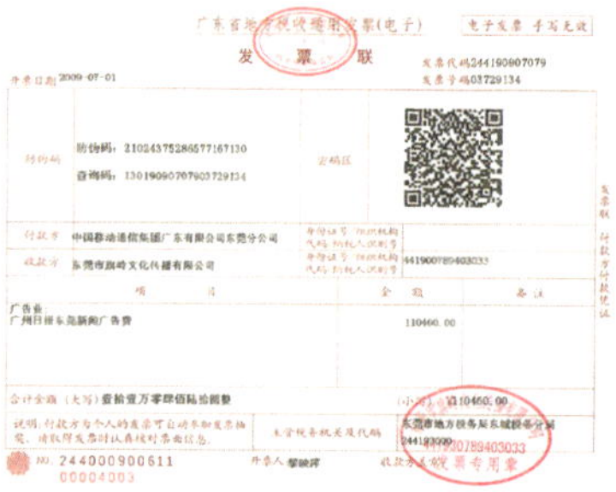

全国第一张网络电子发票（服务业）

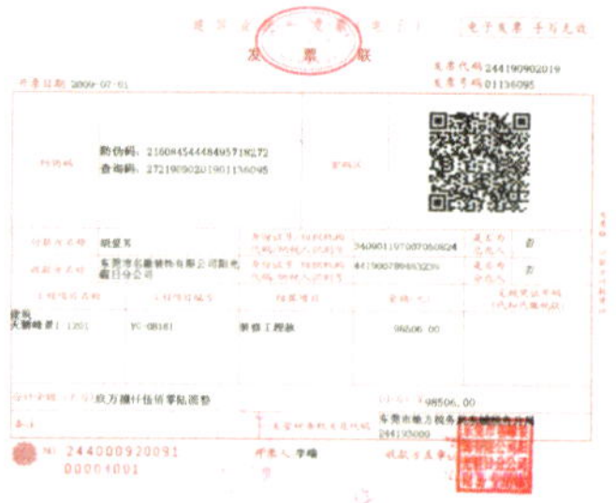

全国第一张网络电子发票（建筑业）

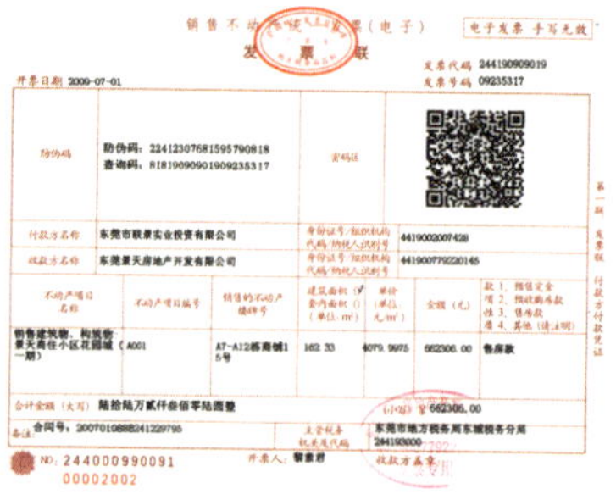

全国第一张网络电子发票（销售不动产）

36 年的从税经历，对她来说印象最深的却是发票业务的变化：“83 年的时候，我们帮纳税人开发票是手写的发票，到后来电脑开发票，到现在纳税人都可以不用到前台来，这样的一个变化让我们又感慨又自豪。”

20 世纪的 80、90 年代，手写发票是当时的“主流”。1987 年底，东莞税务干部许树荣成功利用平推打印机开出了第一张电脑税票，在省内属于首创。2016 年底，手写发票退出“舞台”，直至“用计算机填打发票，可以说是我们税务工作信息化的重要环节，一方面，能够大大节省纳税人的办税时间，提升税务工作人员工作效率；另一方面，以电脑来填打发票，减少发票填写的错误，还可以帮助我们收集和储存数据。”许树荣回忆起机打发票的“探索之路”，深有感触。

2009年7月1日，东莞税务部门率先上线使用发票在线应用系统，东莞市旗岭文化传播有限公司开出全国第一张网络电子发票。此后一年内，网络电子发票基本覆盖了广东省当时所有地税发票行业，取代了当时30多种的地税发票。至此，纳税人开票进入了“网络时代”

1995年，纳税人到办税服务厅前台“买”发票。

2005年，纳税人到办税服务厅前台领购发票、认证发票。

对于许多纳税人来说，到前台领购发票、代开发票，曾经是他们的“日常事”。进入了21世纪，纳税人领购发票、代开发票有了更多更新、更好、更快、更便利的选择。

2011年，东莞税务部门率先在全国推出了自助代开增值税专用发票终端，纳税人可以不用到窗口排队，开票都可以“自己来”。

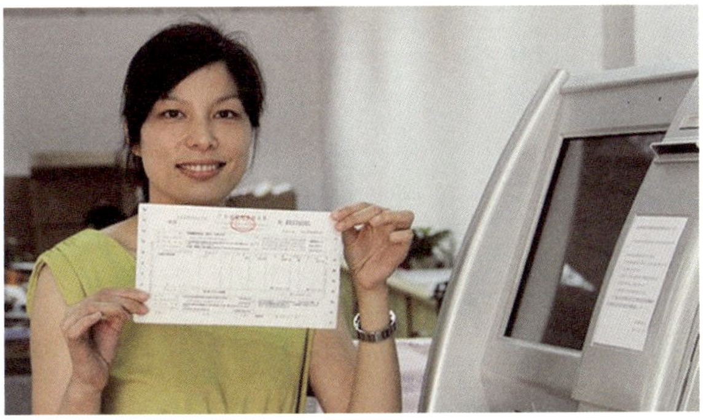

2011年，东莞纳税人开出了全国第一张自助代开增值税专用发票。

2013 年，东莞纳税人使用回单柜系统领取发票。

2013 年 7 月，东莞税务部门率先在全国试点税务回单柜系统，在东城和长安的 24 小时办税服务厅分别加装了一组 500 个柜子的回单柜。纳税人办理发票领购、发票代开等业务，无须再经过“递交资料给窗口申请办理—现场缴纳税款—等待窗口打印发票—领票”等诸多环节，只用通过“税企通”填写申请资料，待税务机关批量完成审核、扣缴税款、打印发票和装投回单柜等工作后，凭系统发送的短信通知即可到回单柜自助取票，实现了“即来、即取、即走”的“一站式”领票，首创纳税人与税务机关“零接触”新型办税手段。

2015 年 8 月，东莞税务部门全省首创 O2O 办税模式，从此东莞纳税人领购发票、代开发票可以“足不出户、动动手指”便可完成，半天内，发票由 EMS 专递到家。

东莞 O2O 涉税事项集中处理中心

广东省东莞国药集团有限公司办税员郑玥从 O2O 模式启动以来一直使用 O2O 模式申领发票，可以说是忠实用户，“公司每个月领购的发票多达上万份，以前要跑前台，耗费大量人力物力，O2O实在便捷，今天网上购买发票，第二天就可以邮寄到公司，流程减少了，效率提高了，我坐在公司就能拿到发票，现在还免了工本费，一个月可以省下几千元的费用，实实在在方便快捷省心省力！”

2016年，东莞税务部门创新探索与邮政部门合作，全省率先推出委托邮政代开普通发票业务。

同年10月，东莞税务部门再次创新，在全省首创“发票代开易”项目，依托“互联网+税务”思维，创新引入微信支付和支付宝两大网上支付平台，开创了“扫码申请+手机支付+发票专递”的模式，获得纳税人的热烈欢迎和好评。

东莞市东糖集团有限公司由始建于1935年的东莞糖厂逐步改制发展而成的。该集团财务人员曾梅燕对发票的领取方式深有感触，“听公司的老会计说，以前使用手写发票时，因为公司的业务量比较大，他们经常一整天都在写发票，写到手痛眼花。现在我们就没有这样的负担和烦恼了。发票开具走向信息化、电子化，我们财务人员的工作效率也大大提高了”。

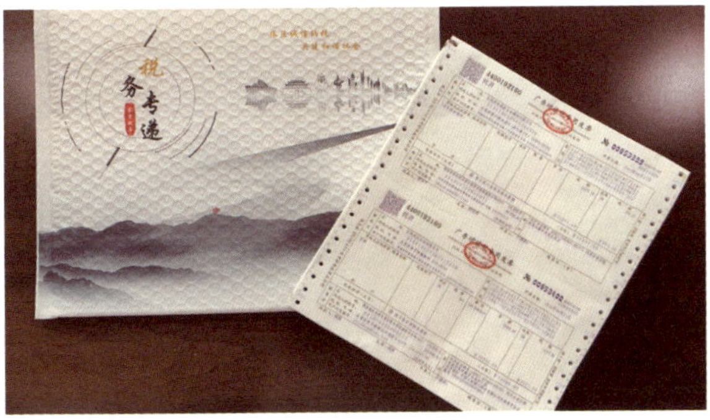

2019年，东莞纳税人收到EMS“税务专递”寄来的代开发票。

2018年6月22日，广州市黄浦区（广州开发区）税务局倾力承办“税链”区块链电子发票平台（以下简称税链平台）项目介绍会，在全国率先推出了区块链电子发票平台。

2018 年 12 月 7 日，在省、市、区税务局各级领导的共同见证下，广州市黄埔区（广州开发区）税务局经管的企业——黄埔华苑大酒店在税链平台上成功开出了首张电子发票，实现在区块链上开具通用类电子发票，并与支付宝、报销软件钉钉合作，打通“支付—开具—报销—入账”的全流程，实现支付后秒级开票、分钟级报销打款入账。

电子发票链上开具拥有全流程加密、不可篡改、可追溯性的技术特性，与发票的业务逻辑高度吻合。区块链电子发票在实现发票轻量级防伪、降低用票成本的同时，又确保了发票数据的真实性、完整性和永久性，数据高度安全。

截至 2019 年 5 月 31 日，税链平台发票数据上链总张数 1.6 亿张，发票归集功能惠及 36749 户开票纳税人及 141 万余户受票纳税人。

2016 年，东莞纳税人取得了珠三角第一张邮政代开发票。

2019 年 3 月，广东省税务局针对自然人代开增值税普通发票的痛点、难点，开展了税务机关网上代开电子发票项目建设，实现了申请、缴税、开票全流程网上完成。“代开增值税电子普通发票技术创新，结合支付宝、微信、云闪付等第三方快捷支付，将代开票由线下排队等候转化为线上‘零等待’，有效促进了征纳双方‘双减负’，实现了办税效率‘双提升’。”广东省税务局征管和科技发展处负责人介绍。

从手写到机打，从前台到网络，从回单柜领取到税务专递到家，“发票”以越来越便利、越来越接地气的方式存在于市民的生活中，而纳税人“越来越省力”的背后，蕴藏着的是税务人“越来越给力”的奋斗。便民无止境，春风继续前行……

（来源：经济观察报　　时间：2019 年 9 月 3 日）

开放之途

——中国税务是如何日益走近世界税收舞台中央的？

伴随着改革开放的步伐，我国国际税收大踏步走近世界税收舞台中央。特别是党的十八大以来，国家税务总局深入学习贯彻习近平总书记关于加强全球税收合作，打击国际逃避税，帮助发展中国家和低收入国家提高税收征管能力等重要指示精神，不断加强国际税收交流合作，切实提升国际税收管理水平，税收合作的“朋友圈”越来越大，在国际上发挥越来越重要的作用，为全球税收治理作出了积极贡献。

国际税收发展历程

我国国际税收以改革开放为起点，分三步实现跨越发展。

第一步：顺势而为奋力起步（1978—1992 年）

1978—1992 年，伴随对外开放进程，涉外税制和管理体系进入起步和发展阶段。这一时期，涉外税收工作以贯彻落实党的十一届三中全会精神、服务改革开放战略为中心，以有利于吸引和利用外资、有利于引进国外先进技术和管理经验为导向，制定涉外税收法规，组建涉外税收管理机构，谈签双边税收协定，开启反避税工作，较好履行了顺应和助推改革开放的历史使命。例如，为适应改革开放需要，于1980年建立了涉外税制，于1991年实施了外商投资企业与外国企业所得税法的合并，实现了涉外税制从无到有的突破，并为税制从“内外有别”到“内外统一”打下了基础。再如，为解决国际重复征税问题，我国于20世纪80年代初开始税收协定谈签工作，一方面从资本输入国地位和角度出发，坚决维护所得来源地征税权；另一方面又在具体条款和税率设计上，体现出吸引外资和引进先进技术的导向。又如，针对国际税收专业人员不足的状况，加大相关人才培训培养力度，在深圳、福州、厦门等地涉外税收管理机构中促成设立专职反避税工作小组，这也是我国第一批专职的反避税机构。

延伸阅读

国际税务管理机构沿革

1979年，财政部税务总局对外税政处成立。

1982年，经国务院批准，财政部成立海洋石油税务局。

1988年，财政部税务总局升格为国家税务局（副部级机构，由财政部归口管理），下设涉外税务管理司。同年，海洋石油税务局更名为海洋石油税务管理局，隶属于国家税务局。

1993年，国家税务局升格为国家税务总局（正部级机构）仍下设涉外税务管理司和海洋石油税务管理局。

1995年，海洋石油税务管理局和涉外税务管理司合署办公。同年，成立国际交流合作司。

1998年，涉外税务管理司（海洋石油税务管理局）与国际交流合作司合并，更名为国际税务司（海洋石油税务管理局）。

2008年，国家税务总局大企业税收管理司成立，海洋石油税务管理局相关职能从国际税务司剥离，并入大企业税收管理司。

第二步：主动作为走向世界（1993—2012年）

1993—2012年，是涉外税收更好地服务于改革开放大局，向国际税收转型并走上发展快车道的重要时期。这一时期，经济全球化迅猛发展，我国对外开放进程加速推进，涉外税收管理部门

1994年4月19日，时任国家税务总局党组书记、副局长金鑫（前排中）与受聘为中国税务局长顾问的国际税收专家合影。

以服务改革开放为工作重点，积极探索新形势下涉外税收工作的发展方向，不断完善涉外税制，提升涉外税收征管水平，实施国际税收事项的专业化管理，使我国涉外税收成功向国际税收转型，为改革开放作出了重要贡献。

随着我国正式加入世界贸易组织（WTO），按照市场经济和WTO 规则的要求，我国清理和规范了涉外税收优惠政策，为各类市场主体提供更为稳定、公平、透明的税收环境。之后又陆续颁布实施了非居民税收管理相关的法规及管理制度，国际税收法律法规更加完善，管理内容更加充实，逐渐与国际通行规则接轨。这一时期，我国加大了税收协定谈签力度，在继续注重鼓励“引进来”的同时，着眼于服务“走出去”，主动发起与企业主要投资目的地国家间协定的谈签，为纳税人跨境投资经营提供更多保护。反避税工作不断强化，反避税交易类型不断拓展，反避税行业不断延伸。2012 年，国家税务总局下发《关于加强国际税收管理体系建设的意见》，确立了“一条主线、两个导向、四项机制、三个保障”的总体工作思路，即：围绕强化跨境税源管理、维护国家税收权益的主线，规范职责体系、健全机构设置，完善反避税工作、非居民税收管理、“走出去”税收服务与管理、国际税收征管协作机制，强化国际税收法律制度保障、信息保障和人才保障。

1993—2012 年，联合国开始加大对国际税收的关注。2004 年，联合国经济及社会理事会成立国际税务合作专家委员会，邀请中国派代表参加，我国在联合国国际税收平台上的话语权得到提升。

1998 年 2 月 20 日，时任国家税务总局党组书记、副局长项怀诚（中）会见世界银行中国局局长一行。

第三步：大有作为日益走近世界税收舞台中央（2013 年以来）

2014 年 11 月，习近平总书记在澳大利亚布里斯班二十国集团（G20）领导人峰会上提出，加强全球税收合作，打击国际逃避税，帮助发展中国家和低收入国家提高税收征管能力。这是我国国家领导人在国际重大政治场合就税收问题发表的重要立场和观点，不仅为我国做好国际税收工作指明了方向，而且为提升全球税收治理水平提供了重要推动力。之后，习近平总书记又在多届 G20 领导人峰会上对国际税收工作作出重要指示。国家税务总局深入贯彻落实习近平总书记系列重要指示精神，推动我国国际税收工作迈上了新台阶，达到了新高度。

在此过程中，我国税务部门做到了三个“始终坚持”：始终坚持与改革开放同步，与国家实施更大范围、更宽领域、更深层次的全面开放同步，不断加强国际税收交流与合作，大力支持“一带一路”建设，积极支持企业“走出去”和“引进来”，有效发挥税收在助力推进更高水平对外开放中的作用；始终坚持拓展国际视野，既立足自身、以我为主，又放眼全球、为我所用，始终保持定力，扎扎实实做好自己的事，同时积极用国际经验完善举措、以国际标准检验成果、按国际规则改进制度、借国际舞台扩大影响，既进一步提高了自身水平，又有力提升了国际话语权；始终坚持参与国际税收规则制定和研究，为全球税收治理体系建设提供更多的中国经验、中国方案、中国主张，大踏步走近国际税收舞台中央，彰显大国税务的良好形象。这期间，我国国际税收呈现出以下特点：

税收朋友圈越来越大。截至2019年9月底，我国签订的税收协定（含安排、协议）共110个，覆盖包括54个“一带一路”沿线国家在内的111个国家和地区[①]，数量排名全球第四位。

税收影响力越来越强。2013年以来，我国多次受邀出席税收征管论坛（FTA）大会、税收合作平台全球大会等重要国际税收会议；先后举办或承办了第十届FTA大会、第五届金砖国家税务局长会议、第48

① 中国政府于1997年3月21日与南斯拉夫联盟共和国联盟政府（南斯拉夫联盟政府）签订避免对所得和财产双重征税协定。2003年2月4日，南斯拉夫联盟共和国改国名为塞尔维亚和黑山共和国，上述协定继续适用。2006年6月3日，塞尔维亚和黑山共和国分解为塞尔维亚共和国和黑山共和国，上述协定继续适用于中国和上述两国。

届亚洲税收管理与研究组织（SGATAR）年会、第一届“一带一路”税收征管合作论坛等多场高规格、高质量的税务外交活动，获得国际同行广泛好评，显著提升了我国在国际税收领域的影响力。

税收话语权越来越重。深度参与G20税基侵蚀和利润转移（BEPS）行动计划，把我国的理念、实践和方案融入国际税收新规则当中，为维护发展中国家利益和促进各项成果的顺利完成作出重要贡献；参与《联合国税收协定范本》修订、《联合国发展中国家转让定价实用手册》编纂、金融账户涉税信息自动交换标准及其实施手册制定，在国际税收规则制度中持续发挥重要作用。

延伸阅读

王军连续入选全球税务领域最具影响力人物

《国际税收评论》(International Tax Review）杂志于2018年12月5日评出2018年度全球税务领域前五十位最具影响力人物、事件和企业，国家税务总局局长王军入选，这也是王军自2014年起连续五年入选，彰显了中国在全球税收治理中的重要地位和作用。

税收服务企业“走出去”的能力越来越强。截至2019年9月底，已公开发布89份国别（地区）投资税收指南，基本覆盖主要“一带一路”建设参与国家和地区，并向我驻外使（领）馆和国际组织派驻税务人员53名，覆盖世界主要经济体。

加强国际税收交流与合作

随着改革开放后经济的快速发展，国际税收交流与合作成为我国在制度上和国际接轨的前沿阵地。1995 年，为顺应日益增长的国际税收交流与合作工作需要，国家税务总局成立了国际交流合作司，后于 1998 年与涉外税务管理司合并，成为国际税务司。经过持续努力，国际税收交流与合作不断走向深入。

加强与国际组织合作。改革开放初期，我国主动加强与国际货币基金组织（IMF）、联合国开发计划署（UNDP）等国际组织的沟通交流，学习税收管理和服务领域的先进经验。1987 年 9 月，财政部税务总局受国际财政协会（IFA）邀请首次参加布鲁塞尔 IFA 年会。1989 年，IMF 先后派两个考察组来我国考察企业所得税制、增值税制、征管改革和计算机应用等情况，商量合作事项。1992 年，国家税务局与 UNDP 签署《税收政策和征管改革技术援助项目》，利用这项援款开展了多种形式的国际合作活动。1995 年 5 月，国家税务总局和世界银行签署《中国财税改革技援项目》，取得低息贷款，重点用于我国税收征管信息系统的建设。1996 年，我国加入亚洲税收管理与研究组织（SGATAR）。1998 年 10 月，应 IFA 邀请，国家税务总局首次以观察员身份赴英国伦敦出席 IFA 第 52 届年会。

我国加入 WTO 以后，国家税务总局与国际组织的合作进一步加强，并积极运用国际平台表达我国立场、参与规则制定。2004 年 5 月，国家税务总局与财政部共同代表我国正式成为 OECD 财政事务委员会的观察员，并开始派员参加 OECD 有关税收协定、税收政策与统计、转让定价、国际避税与逃税、货物和劳务税5个工作组的会议。2005年，国家税务总局首次派员参加OECD发起成立的税收征管论坛（FTA）大会，并于次年开始正式出席会议。2010年10月，我国以成员国身份加入国际联合信息分享与协作特别工作组（JITSIC），同年国家税务总局向其派驻代表开展工作。

党的十八大以来，我国与国际组织的合作广度和深度进一步加大。2015年12月，国家税务总局与OECD签署了《2016—2018年合作备忘录》，在税收政策、税收征管、国际税收等19个领域开展多种形式合作。2016年3月，国家税务总局与IMF签署《2016—2019年税收合作协议》，以进一步支持我国税收制度和征管体制改革。2016年5月，第十届FTA大会在北京举办，40多个经济体和7个国际组织共议全球税收治理，这是我国首次举办的全球最高级别税收征管大会，签署的双边和多边税收协定及达成合作意向11个，当时被誉为“FTA历史上最成功的一次大会”。2017年9月，我国税务代表团赴挪威奥斯陆参加第十一届FTA大会，并在全体大会上介绍了我国近年来推进税收征管体制改革的做法和成效，讲述了具有中国特色的“税收征管故事”。2018年2月，由IMF、OECD、联合国、世界银行联合举办的第一届税收合作平台全球大会在美国纽约联合国总部开幕，主题是“税收与可持续发展目标”。国家税务总局局长王军应邀出席大会并作主旨发言，分享我国税收在支持可持续发展方面的主要做法和经验。

深度参与国际税收规则制定。长期以来，国际税收规则的话语权一直由发达国家主导。2013年9月，G20在圣彼得堡领导人峰会上正式启动防止税基侵蚀和利润转移（BEPS）行动计划，旨在通过修订国际税收规则和加强国际合作应对税基侵蚀和利润转移问题。国家税务总局抓住G20委托OECD对国际税收规则进行重塑这一重大机遇，积极参与BEPS行动计划并担任行动指导委员会委员，参与提出的“利润在经济活动发生地和价值创造地征税”等理念已经成为BEPS的指导原则，成功将我国及其他发展中国家的观点和理念渗透到BEPS行动计划成果之中，有力维护了我国及其他发展中国家的税收权益，为提升规则制定的话语权发挥了重要作用。2017年6月，《实施税收协定相关措施以防止税基侵蚀和利润转移的多边公约》（以下简称《公约》）首次联合签字仪式在OECD总部举行，67个国家和地区的政府代表共同签署了《公约》。该《公约》是第一个在全球范围内就税收协定政策进行多边协调的法律文件，我国以工作组第一副主席国的身份参与了《公约》的制定，并成为首批签署方。同时，我国税务部门代表积极发挥担任联合国国际税收合作专家委员会第一副主席的作用，参与《联合国发展中国家转让定价手册》修订工作，针对我国劳动力成本低、市场大、需求旺等特点，提出“成本节约、市场溢价”等创新性的观点和主张，便于我国在跨国公司利润分配中争取更大份额，较好地维护了我国及其他发展中国家利益。此外，利用我国担任情报交换和税收透明度全球税收论坛副主席的身份，参与制定G20自动情报交换标准和实施手册，为推动全球税收透明度建设和构建国际税收征管新秩序作出了积极贡献。

2017 年 6 月，各国代表在《实施税收协定相关措施以防止税基侵蚀和利润转移的多边公约》首次联合签字仪式上合影。

促进金砖国家税务合作。一直以来，国家税务总局积极推进金砖国家税务局长会晤机制的建立和完善，同时，在这一机制下提出推动 BEPS 项目落地实施，加大在转让定价、自动情报交换等领域的合作，共同提升税收征管能力，维护各国税收权益和世界税收秩序等倡议，得到金砖国家的一致认可。2017 年，国家税务总局在杭州主办了第五届金砖国家税务局长会议，积极倡议金砖国家深化多边税收合作，加强税收征管能力建设并向发展中国家提供能力建设援助。在此倡议下，金砖国家承诺推动落实 G20 税制改革成果，共同推动构建公平和现代化的国际税收体系，并联合签署金砖税务合作的第一份机制性文件——《金砖国家税务合作备忘录》，首次以官方文件形式将金砖国家税收领域合作上升至制度层面，标志着金砖国家税务合作机制建设进入了一个新的时期。同时，国家税务总局积极推动金砖国家达成共识，在 2018 年正式通过金砖国家税收能力建设合作机制文件，作为 2017 年签署的备忘录的补充内容。在我国的积极参与和推动下，金砖国家税务局长会议为金砖国家税务部门分享最佳实践、规划发展蓝图、提升广大新兴市场国家和发展中国家的代表性和话语权，提供了独特而重要的平台，金砖国家税务合作也成为完善金砖国家经济治理乃至全球经济治理的重要力量。

积极谈签税收协定。20 世纪 80 年代，我国对外谈签税收协定的重要目的之一是吸引外商投资，谈签对象主要是发达国家。1983 年 9 月 6 日，中日签订《中华人民共和国政府和日本国政府关于对所得避免双重征税和防止偷漏税的协定》，这是我国对外签署的

1981 年 1 月，中日税收协定谈判第一次会谈结束后，中日代表团在北京合影。

第一个双边税收协定，在我国国际税收立法与国际税收管理领域具有里程碑式的意义。之后，我国先后与美国、德国、马来西亚等国家签订了税收协定，其中，与马来西亚税收协定是我国与发展中国家签订的第一份税收协定。

知识链接

税收协定

税收协定是指两个或两个以上税收管辖区依照对等原则，通过谈判达成一致后缔结的确定其税收分配关系的具有法律效力的书面税收协议，旨在协调缔约方之间对相关应税项目（通常为所得，有时也包括财产）的税收管辖权，以避免税收管辖区之间重复征税，促进包括资金、技术、人员等经济要素的跨境往来，助力缔约方之间的经济合作。

20 世纪 90 年代初到 21 世纪初，随着我国改革开放步伐进一步加快，税收协定数量呈井喷式增长，谈签对象以发展中国家和地区为主。特别是 1998 年 2 月、2003 年 12 月，《内地和香港特别行政区关于对所得避免双重征税的安排》和《内地和澳门特别行政区关于对所得避免双重征税和防止偷漏税的安排》分别签署，为内地与香港、澳门地区在税收领域的合作开辟了更广阔的空间。

延伸阅读

税收协定中的历史节点

世界上第一个税收协定。1899年6月，德国和奥地利正式签署世界上第一个税收协定。此后，随着跨国投资的日益增多，所得和财产的国际重复征税问题越来越普遍，参与缔结税收协定的国家开始增加。第二次世界大战结束后的20多年，税收协定经历了一个缔结高峰期。全球共有3000个双边税收协定，协定数量超过100个的国家有英国、法国、中国等。

我国的第一个税收协定。1972年中日联合声明的发表，标志着中日两国实现邦交正常化。1979年起，中日开始接洽谈签避免双重征税协定问题。1983年9月6日，时任国务委员兼外交部部长吴学谦同日本外务省大臣安倍晋太郎分别代表本国政府在《中华人民共和国政府和日本国政府关于对所得避免双重征税和防止偷漏税的协定》及议定书上签字。中日税收协定是我国对外签署的第一个双边税收协定，是我国国际税收立法与国际税收管理领域的一个里程碑，为我国陆续开展税收协定谈判积累了宝贵的经验。

中国税收协定国别分布。截至2019年6月底，我国税收协定网络已覆盖111个国家和地区。从协定缔约方的区域分布看，亚洲国家和地区为38个，欧洲为41个，非洲为17个，美洲为11个，大洋洲为4个。从协定签署的时间看，20世纪80年代签署了24个，90年代签署了40个，2000—2009年签署了32个，2010年至2019年6月签署了15个。

进入21世纪以来，为服务对外开放战略，积极配合“一带一路”建设、国际产能合作，以及我国在东南亚、非洲、拉丁美洲和中东欧地区的区域合作战略，税收协定谈签力度进一步加大。一方面，对早期签署的协定进行修订，以适应国内税收法律和国际税收规则的变化。其中，中英税收协定修订性谈判标志着我国税收协定修订工作的开始，对其他税收协定的修订具有很好的示范作用。另一方面，对我国企业主要投资目的地或经贸往来前景较好的国家和地区，主动表达税收协定谈签意向，积极开展谈签工作，以降低我国“走出去”企业税收负担。其中，中智税收协定是我国对外签署的第100份税收协定，也是第一个达到BEPS行动计划最低标准的税收协定。

推动双边税收合作交流。日本是最早与我国开展税务领域双边合作交流的国家之一。1995年，中日两国税务主管当局共同签署了协议，约定两国税务局长每两年进行互访。2000年，两国税务主管当局共同签署了工作级别互访协议，约定两国税务主管当局每两年互派工作代表团访问一次，扩大了交流范围，丰富了交流内容，为两国税务主管当局加强业务交流、分享经验提供了机会和平台。截至 2019 年 9 月底，国家税务总局已与 17 个国家税务部门（或组织机构）签署了双边合作备忘录，有力推进了双边税收领域的交流与合作。在签署双边合作备忘录的基础上，国家税务总局还通过高层互访、团组交流和互派专家等形式，与其他国家税务主管当局加强了税制建设和税收征管经验交流分享，促进了税务领域合作项目成果的落地，双边税收交流与合作逐步迈上新台阶，取得新进展。2016—2018 年，国家税务总局先后与美国、日本、德国、印度等 16 个国家税务主管当局就 326 例次案件开展相互协商，达成或签署 88 例，共计为纳税人避免或者消除国际重复征税超过 100 亿元。

助力“一带一路”建设

2013 年，习近平总书记提出“一带一路”倡议。税收合作是“一带一路”合作的重要内容。税务部门认真落实习近平总书记关于“一带一路”建设的重要指示精神，充分发挥税收职能作用，服务“一带一路”建设。

推动构建“一带一路”税收征管合作机制。2017 年 5 月，首届“一带一路”国际合作高峰论坛期间，国家税务总局局长王军参加“推进贸易畅通”平行主题会议，作了题为《深化税收合作，促进经贸畅通》的发言，提出三点建议：一是完善国内税制，着力消除税收壁垒；二是加强双边合作，有效降低税收负担；三是深化多边合作，共同提升税收治理能力。同时，通过组织参会国税务局长会晤，就探索构建“一带一路”税收合作长效机制达成初步共识。

2018 年 5 月，国家税务总局与哈萨克斯坦国家收入委员会、经济合作与发展组织税收政策管理中心（OECD-CTPA)、经济合作与发展组织税收征管论坛（OECD-FTA) 四方联合在哈萨克斯坦首都阿斯塔纳（2019 年改名为“努尔苏丹”）成功举办“一带一路”税收合作会议。国家税务总局局长王军在开幕式上作了《健全税收合作机制，实现共赢共享发展》的主题发言。来自全球 50 多个国家和地区的税务部门、国际组织和学术机构的 200 多名代表出席了会议，达成并发布了《阿斯塔纳“一带一路”税收合作倡议》，为构建“一带一路”税收合作长效机制奠定了坚实的基础。

在 2018 年 5 月联合有关国家和国际组织举办“一带一路”税收合作会议的基础上，2019 年 4 月，国家税务总局在浙江乌镇举办了第一届“一带一路”税收征管合作论坛。这是我国税务部门迄今为止筹办的参与方最多、规模最大、国际关注度最高、成果最为丰富务实的高级别多边活动，85 个国家和地区税务主管当局，以及 16 个国际组织、多家学术机构和跨国企业的近 350 名代表出席论坛。参会各方对“一带一路”税收征管合作机制给予高度评价，认为具有四个方面的显著特点：一是透明度高。从合作机制的探索建立到推进实施，完全遵循公开透明的原则。二是代表性广。合作机制寻求符合“一带一路”沿线国家和地区实际的税收合作路径与方式，吸引了不同地域、不同发展阶段的国家和地区广泛参与。三是包容性好。合作机制充分尊重各国基本国情、经济发展水平等方面差异，充分体现了共商、共建、共享的原则。四是务实性强。采取了一系列切实有效的具体措施，必将推动“一带一路”沿线国家和地区税收营商环境不断优化。

第一届“一带一路”税收征管合作论坛取得了四个方面成果。一是构建了“一带一路”税收征管合作机制。34个理事会成员、22个观察员共同签署了《“一带一路”税收征管合作机制谅解备忘录》，正式建立了合作机制。该合作机制是国家税务总局根据“共商、共建、共享”原则，与“一带一路”沿线国家和地区税务部门共同建立的规范化、制度化的官方多边税收合作平台，将在消除税收壁垒、促进经贸畅通和实现联合国2030年可持续发展目标等方面发挥积极作用。二是建立了“一带一路”税收征管能力促进联盟。19个国家和地区税务部门作为成员，8个国家和地区税务部门以及4个国际组织和2个学术机构作为合作方共同组建联盟，通过开展税收培训、税务技术援助、税收前沿问题研究和知识产品开发等活动，帮助“一带一路”沿线国家和地区共同提高税收征管能力。作为联盟的载体，国家税务总局依托现有税务培训机构，设立了北京和扬州两个“一带一路”税务学院。三是深化了“一带一路”税收征管合作共识。论坛发布《乌镇声明》，强调“一带一路”税收征管合作是“一带一路”国际合作的重要内容，各方致力于开展合作、分享经验，建立透明、高效、稳定、可预期的税收合作机制，构建增长友好型税收环境，促进“一带一路”沿线国家和地区经济发展。四是制定了“一带一路”税收征管合作行动计划。围绕《乌镇声明》，细化具体措施，明确路线图、时间表，形成《乌镇行动计划（2019—2021）》，引导合作机制参与方共同采取行动，确保实现阶段性目标。

持续优化跨境税收服务。税收作为规范国际经济秩序、抵御世界经济风险、促进全球经济复苏的重要手段，在优化生产要素配置、消除跨境投资障碍、推动国际经济合作等方面承担着重要使命，在助推“一带一路”建设中发挥着重要作用。2015 年，国家税务总局建立国别税收信息研究和国别投资税收指南发布机制，对包括“一带一路”沿线国家和我国主要投资目的地全面开展国别税收信息研究，分国别发布对外投资税收指南。截至 2019 年 9 月底，已发布国别（地区）投资税收指南 89 份，基本覆盖主要“一带一路”建设参与国家和地区，帮助“走出去”企业方便快捷了解投资目的地的营商环境、主体税种、征管制度、投资涉税风险等情况，以减轻税法遵从成本、提高税收风险防控能力。同时，系统梳理“走出去”涉及的国内税收制度文件和已签署的税收协定，形成涵盖 83 个具体事项的《“走出去”税收指引》，力求为“走出去”纳税人提供权威的税收制度索引与帮助。仅 2018 年，全国税务机关组织“一带一路”税收政策宣讲活动近千场，帮助跨境纳税人了解有关税收政策，有效提升了“一带一路”税收服务水平。

认真落实涉外税收优惠政策。2017年12月，国家税务总局开始落实境外投资者从中国境内居民企业分配的利润直接投资于鼓励类投资项目暂不征收预提所得税政策。2018年9月，将递延政策适用范围扩大至所有非禁止外商投资的项目和领域。政策扩围以来，享受递延纳税政策的企业达936户次，延迟缴纳或退税金额777亿元。对企业境外投资所得实行综合抵免法，有效降低企业境外所得税收负担。将研发费用加计扣除比例由50%提高至75%的政策扩大到所有企业，并将委托境外研发费用纳入加计扣除范围，支持境内外企业创新发展。

提高服务“一带一路”建设能力。2015年4月，国家税务总局从谈签协定维权益、改善服务促发展、加强合作谋共赢三个方面，研究推出10条服务“一带一路”建设的税收措施。自2015年10月起，相继出台9个方面推进“一带一路”建设的政策措施，大力促进我国装备“走出去”和国际产能合作。2018年4月，制定加强“一带一路”税收合作工作的指导意见，围绕深化多边合作、加强双边合作、提升能力建设三个方面，分领域、分层次进一步推进“一带一路”税收合作。国家税务总局在国际税务司成立境外税务处，专职负责我国“走出去”企业对外投资税收服务与管理工作。加强与外交部、商务部合作，向我主要投资和经贸往来国家使（领）馆派驻税务人员，截至2019年9月底，已向我驻“一带一路”沿线国家使（领）馆派驻12名税务干部，有力推动了与派驻国家的税收征管合作。

加强国际税收管理工作

改革开放以来，税务部门在服务对外开放的同时，切实加强国际税收管理工作，维护我国税收权益，在非居民税收、反避税、预约定价安排和金融账户涉税信息交换方面不断取得新突破。

涉外税收管理质效不断提升。20 世纪 90 年代，随着外商投资企业和外国企业的数量迅猛增加，为了提高涉外税收管理质效，逐步形成了“电子申报和汇算清缴、审核评税、涉外税收审计”涉外税收管理的三道防线。1998 年，国家税务总局在涉外税收征管领域推出审核评税制度，制定了《外商投资企业、外国企业和外籍个人纳税申报审核评税办法》。自 2001 年起，各地涉外税收管理部门按照国家税务总局《涉外税务审计规程》要求，全面推开涉外税务审计工作。自 2006 年，开始研发税务审计软件，对企业实行电算化税务审计，特别是对大型涉外企业加大税务审计力度，税务审计服务和预警功能日益显现。

为加强非居民企业机构、场所在税务登记、纳税申报、汇算清缴等方面的税收征管，国家税务总局先后出台多份政策文件。2000 年，国家税务总局和国家外汇管理局联合出台实施非贸易及部分资本项目售付汇提交税务凭证制度，为税务机关获取跨境交易信息提供了及时、可靠的手段，对外支付税收管理成为非居民税收管理的主要抓手和监控跨境税收风险的重要环节。2013 年，积极响应深化“放管服”改革要求，将对外支付证明改为备案，明确在支付信息税务备案环节不作审核，在满足税务机关信息需求的同时，提高对外支付的即时性和便利度。2009年出台《非居民企业所得税源泉扣缴管理暂行办法》，并于2017年发布《关于非居民企业所得税源泉扣缴有关问题的公告》，细化操作标准和明确征管责任，减轻纳税人及扣缴义务人负担。2015年，制定《关于非居民企业间接转让财产企业所得税若干问题的公告》，明确界定间接转让交易的含义和方式，以及适用一般反避税规则的范围。

不断健全反避税法律体系。1986年12月，财政部税务总局召开全国涉外税收专业会议，部署开展反避税工作。1991年7月，《中华人民共和国外商投资企业和外国企业所得税法》颁布，首次确定了转让定价税制及调整原则。自1992年以来，《中华人民共和国税收征收管理法》及其实施细则先后颁布，明确了转让定价税收调整的范围、内容及方法，并将适用范围扩大至境内的所有企业。1992年，国家税务局颁布《关联企业间业务往来税务管理实施办法》(以下简称《实施办法》)，明确转让定价操作规范，之后两次对《实施办法》进行修订，推动我国转让定价税制初步形成。2007年的新企业所得税法及其实施条例的颁布，标志着我国反避税立法由单一转让定价税制向多事项、全覆盖的特别纳税调整税收法律法规体系的全面拓展。2009年1月，国家税务总局对过去近30年反避税工作内容和反避税程序进行全面梳理和规范，颁布《特别纳税调整实施办法(试行)》，并陆续出台了一系列配套和解释性文件，进一步丰富了我国反避税法律法规体系，为纳税人遵从和税务机关执法提供了全面的法律依据。2016年，国家税务总局充分借鉴BEPS成果，出台《关于完善关联申报和同期资料管理有关事项的公告》，明确同期资料和国别报告的相关要求，同时细化了关联申报的内容。

推动建立预约定价机制和相互协商程序。1998年发布的《关联企业间业务往来税务管理规程》，首次在我国税收领域引入预约定价方法。同年，第一例单边预约定价安排在厦门签署，标志着我国预约定价工作开始起步。2002年，预约定价安排制度正式列入《中华人民共和国税收征收管理法实施细则》。2004年，国家税务总局颁布《关联企业间业务往来预约定价实施规则（试行）》，首次明确预约定价安排工作流程。2005年，我国与日本税务主管当局签署了全国第一例双边预约定价安排。2007年，与美国税务主管当局签署了中美第一例双边预约定价安排，与韩国税务主管当局签署了中韩第一例双边预约定价安排。2016年和2017年，国家税务总局分别发布《关于完善预约定价安排管理有关事项的公告》和《特别纳税调查调整及相互协商程序管理办法》，进一步规范和优化了转让定价相互协商和双边预约定价工作流程。

实施金融账户涉税信息自动交换标准。为打击跨境逃避税，2013年9月，G20圣彼得堡峰会将自动情报交换确定为税收透明度国际新标准，委托OECD会同G20成员制定全球统一的自动情报交换标准。2014年7月，OECD对外发布金融账户涉税信息自动交换标准（CRS），获得当年G20布里斯班峰会核准。2014年9月，经国务院批准，我国在G20层面承诺实施CRS，于2018年9月开始交换信息。金融账户涉税信息自动交换标准的实施，是全球合力打击跨境逃避税的有效手段，有助于构建公平竞争的国际经济秩序和制度环境，实现各国互利共赢。

延伸阅读

中国顺利通过全球税收论坛税收透明度和情报交换同行审议

2012 年 5 月 23 日—25 日，中国代表团在西班牙马德里参加税收透明度和情报交换全球论坛（以下简称全球税收论坛）同行审议小组会议。6 月 15 日，中国审议报告经全球税收论坛全体成员书面批准后，最终由全球税收论坛确认中国审议通过。6 月 18 日—19 日，G20 峰会在墨西哥举行，全球税收论坛向峰会提交中国审议通过情况的报告。

帮助发展中国家提高税收征管能力

党的十八大以来，国家税务总局积极落实习近平总书记重要指示要求，通过举办培训、专题交流、经验分享和技术援助等，帮助发展中国家和低收入国家提高税收征管能力。

精选援助项目。2013 年以来，国家税务总局在帮助提升发展中国家税收征管能力方面共实施了 42 个双边和多边合作项目。2015 年上半年，派员参加外交部牵头组建的工作小组，赴埃塞俄比亚帮助提高税收征管能力和优化营商环境，为我国与其他非洲国家建立良好税收合作关系起到积极示范作用。2017年，与商务部合作举办2期研修班，共邀请了18个国家66名税务官员参加，其中包括16名来自“一带一路”沿线国家的税务官员。2018—2019年，与中国人民银行和IMF分别在中国/IMF大连、深圳联合能力建设中心举办专门面向“一带一路”沿线国家税务官员的培训班；与中亚学院举行联合培训，11个中亚区域经济合作成员国的税务官员参加了培训；与财政部、外交部、国际发展合作署合作举办5期研修班，共邀请了215名发展中国家税务官员来华参训。此外，配合发展改革委、国家行政学院等单位援外项目，提供税收师资，受训学员达312名。

丰富援助方式。为落实G20领导人就帮助发展中国家提高税收征管能力达成的共识，2015年12月，国家税务总局与OECD签署合作备忘录，在税收政策、税收征管和国际税收等19个领域开展税务培训、立法咨询、高层政策对话等多种形式的合作。此外，与加拿大税务局共同牵头FTA框架下的税收征管能力建设项目，共同探索更有效利用资源帮助发展中国家提高税收征管能力的方式。2016年3月，OECD—中国国家税务总局多边税务中心启动，这是第一个设立于非OECD成员国家的OECD多边税务中心，旨在为我国和其他发展中国家税务官员提供双边及多边业务培训，并将其打造成我国帮助发展中国家进行能力建设的重要平台。截至2019年9月底，多边税务中心共举办OECD培训项目27期，培训学员共计2458人。

拓宽援助范围。在将“一带一路”沿线国家作为援助对象的同时，国家税务总局主动将我国设立境外经济贸易合作工业园区的国家，中非合作论坛及中拉论坛等地区性国际组织成员国，我国“走出去”企业较多、面临税收风险较大的国家列为技术援助重点对象。截至2019年9月底，国家税务总局已通过举办培训班等多种形式，为60余个发展中国家提供了税收援助。法国艾克斯—马赛大学欧亚研究所所长金邦贵表示，中国创造性地利用国内国际两方面资源，积极致力于帮助发展中国家提高税收征管能力，通过分享中国经验促进民心相通，让更多发展中国家搭上了中国税改的“快车”。

钢铁之师

——税务铁军是如何锻造淬炼的？

中华人民共和国成立以来，党中央、国务院对税务干部队伍建设提出系列具体而明确的要求，为加强税务干部队伍建设指明了方向。70年来，特别是党的十八大以来，国家税务总局认真贯彻落实党中央、国务院决策部署，积极探索，不断创新，形成了一整套加强税务干部队伍建设的工作机制体系，干部素质持续提升，干部活力日益激发，有力保证了各项税收工作任务圆满完成，有力发挥了税收在国家治理中的基础性、支柱性、保障性作用。

税务机构和干部队伍发展历程

1949年11月，以华北税务总局为基础，中央人民政府财政部税务总局成立。1950年1月，政务院发布《全国各级税务机关暂行组织规程》，规定了各级税务机关的设置、职责、内设机构和人员配备等内容。在中共中央、政务院的高度重视和各方面支持下，从中央到地方迅速建立起一套新的、统一的税务机构，形成了一支新的、过硬的税务干部队伍。

1978年党的十一届三中全会后，党中央、国务院高度重视税务机构和税务干部队伍建设，要求建立一支有理想、有纪律、有相当政治业务素质的干部队伍，培养一大批有高度觉悟、有献身精神、熟悉和精通业务的税务干部。随着 1983 年和 1984 年两步“利改税”的实施，税收工作任务越来越繁重。从 1984 年 1 月起，很多地方政府为适应税收工作的需要，开始将税务机构与财政分设，税务部门成为相对独立的机构。1983 年 6 月，国务院批转财政部报送的《关于统一制发税务人员服装、帽徽的请示报告》，同意自 1984 年 1 月 1 日起，税务机关的正式税收工作人员统一着装。对税务人员制发统一的服装和标志，有利于税务人员行使国

延伸阅读

税务制服沿革

83 式第一代税务制服

88 式第二代税务制服

92 式第三代税务制服

07 式新一代税务制服

家赋予的工作职责，贯彻执行国家税收法令，并便于接受人民群众监督。1988 年 5 月 3 日，国务院决定将财政部税务总局改为国家税务局，为国务院直属副部级机构，归口财政部管理。这一时期，党中央、国务院多次增加税务人员编制，税务干部队伍不断得到壮大和发展。

1993 年 4 月，国务院将国家税务局调整为国务院直属机构，更名为国家税务总局，不久即升格为正部级。同年 11 月，为适应分税制财政管理体制和税制改革的需要，国务院发出《关于组建国家税务总局在各地的直属税务机构和地方税务局有关问题的通知》，规定国家税务局系统实行国家税务总局垂直领导的管理体制；地方税务局实行地方人民政府和国家税务总局双重领导，以地方政府领导为主的管理体制。1994 年国税、地税机构分设后，党中央、国务院领导同志强调要努力造就一支政治过硬、业务熟练、作风优良的税务干部队伍。税务部门持续加强干部队伍建设，国税、地税两支队伍不断发展壮大。

1998 年 6 月，国务院办公厅印发国家税务总局职能配置、内设机构和人员编制规定，对国家税务总局的职能和内设机构作了调整。2008 年 7 月，国务院办公厅印发国家税务总局主要职责、内设机构和人员编制规定。同年 11 月，国家税务总局印发国税系统机构改革意见，规定以职能转换为核心，按照精简、统一、效能的原则，理顺职责关系，明确和强化责任，调整和优化组织结构，完善体制机制。本轮改革进一步促进税务机关职能向服务型转变，促进组织机构、人员编制向科学化、规范化和法制化转变，促进管理机构向规范有序、公开透明和专业精细转变，建设符合中国国情、体现国际先进管理理念的税务组织机构。

党的十八大以来，习近平总书记对深化税务机构改革和加强税务干部队伍建设作出系列重要指示批示，为税务部门推进机构改革、深化新时代税务干部队伍建设指明了方向，提供了遵循。2018 年 3 月，以习近平同志为核心的党中央作出了深化党和国家机构改革的重大决策部署。同年 5 月，中共中央办公厅、国务院办公厅印发《国税地税征管体制改革方案》。国家税务总局在党中央、国务院的坚强领导下，带领全国税务系统扎实推进国税地税征管体制改革，顺利完成国税、地税机构合并，积极推进“事合、人合、力合、心合”，新税务呈现出新的精神风貌。

这段时期，国家税务总局党委在不断实践探索中趟出了一条带好税务队伍、锻造税务铁军的新路子。

一是坚持机制化推进队伍建设。结合税务系统实际，以强党建为引领，以抓班子为关键，以管干部为重点，以育人才为导向，以活基层为基础，创造性地建立健全了“纵合横通强党建、绩效管理抓班子、数字人事管干部、人才工程育俊杰、严管善待活基层”的机制体系，并不断丰富完善，着力建设忠诚干净担当的高素质干部队伍，有力夯实税收事业发展的组织和人才保证。

二是坚持在税收改革实践中锤炼队伍。注重在营改增、国税地税征管体制改革、落实减税降费政策等压茬推进的急难险重的税收改革发展任务中锻炼干部，通过组织广大税务干部立足岗位争先创优、“争做改革标兵，争做岗位先锋”“改革攻坚，青年在行动”“巾帼建功改革”等各具特色的主题实践活动，使干部思想受到洗礼、感悟得到升华，凝聚广大税务干部奋勇拼搏、无私奉献、负重前行、勇于担当的精神力量，形成了推动税收改革发展的强大动力。

延伸阅读

国家税务总局历任主要负责人

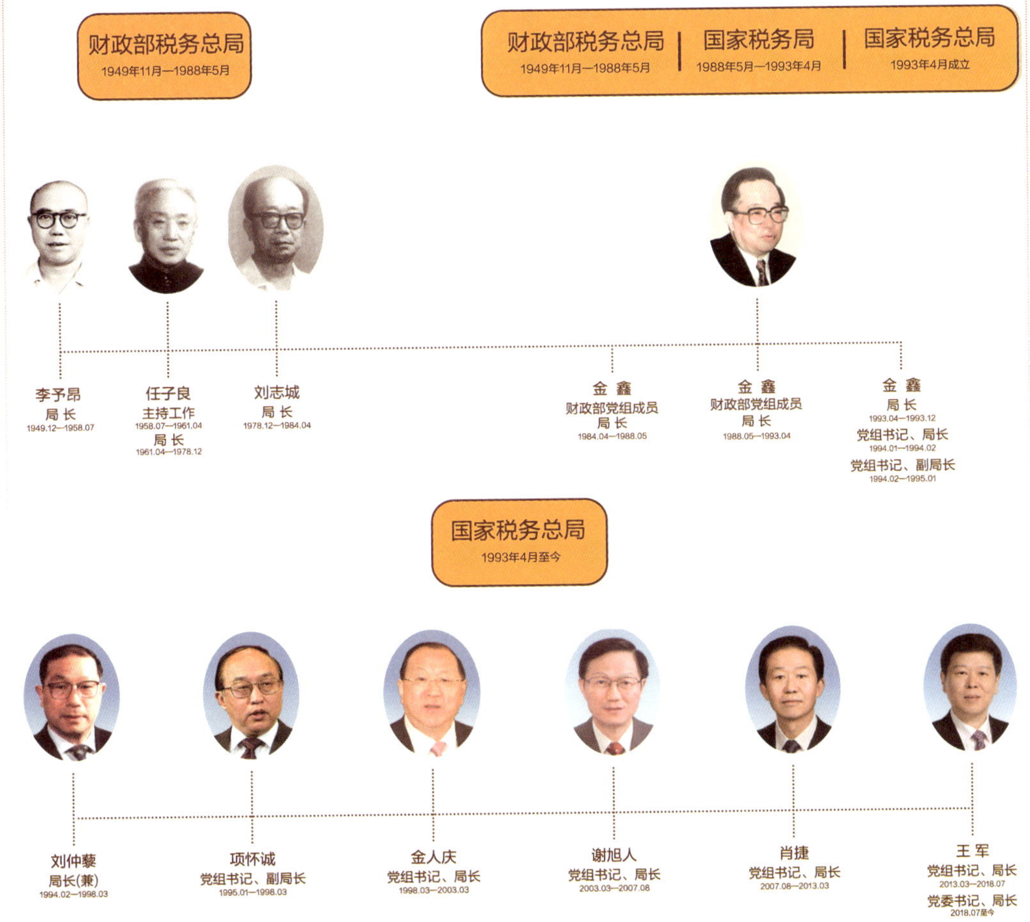

三是坚持严管善待带好队伍。坚持“严”字当头，注重抓在经常、严在日常，建立健全日常管理监督的长效机制，持之以恒正风肃纪，严格纪律约束，促使干部自觉养成遵规守纪的习惯。牢固树立倾情带队的理念，在正向激励、善待厚爱上下功夫，建立促进干部担当作为、崇尚实干的激励体系，强化人文关怀、精神和文化熏陶，提振税务干部的精气神，提升获得感和归属感，激发队伍活力，增强凝聚力和战斗力。合并之后的新税务，党的领导更加坚强有力，机构职能更加科学优化，干部队伍更加能战善战，一支“忠诚担当、崇法守纪、兴税强国”的税务铁军在久经磨砺中淬炼而成。

加强税务系统党的领导和党的建设

党政军民学，东西南北中，党是领导一切的。新中国成立 70 年来，国家税务总局始终把坚持和加强党的全面领导落实到税收改革发展各方面各环节，充分发挥把方向、管大局、保落实的重要作用，不断加强税务系统党的建设，确保税收事业发展始终沿着正确的方向前进。

强化理论武装。70 年来，税务部门始终注重加强党的理论学习，特别是结合在县级以上党政领导班子、领导干部深入开展以“讲学习、讲政治、讲正气”为主要内容的党性党风教育，保持共产党员先进性教育等党内集中教育，深入开展马克思主义政治理论和中国特色社会主义理论学习，强化理论武装，坚定理想信念。

党的十八大以来，全国税务系统按照党中央部署要求，先后深入开展党的群众路线教育实践活动、“三严三实”专题教育、“两学一做”学习教育，推进“两学一做”学习教育常态化制度化，开展“不忘初心、牢记使命”主题教育，增强“四个意识”、坚定“四个自信”、做到“两个维护”。特别是始终坚持把深入学习贯彻习近平新时代中国特色社会主义思想作为首要政治任务，努力学懂弄通做实、入脑入心入行，切实把学习成果转化为武装头脑、指导实践、推动工作的实际行动。一是及时认真学。党的十九大胜利召开后，国家税务总局党委组织认真学习领会习近平新时代中国特色社会主义思想。习近平总书记每次作出重要讲话、每次对税收工作作出重要指示批示之后，国家税务总局党委都及时组织认真学习，抓紧贯彻落实。二是持续深入学。国家税务总局党委把深入学习领会习近平新时代中国特色社会主义思想和党的十九大精神贯穿税收工作始终，每次中心组学习都将其列入重要内容，推动学习往深里走、往实里走、往心里走。三是联系实际学。结合税收工作实际，国家税务总局党委持续深入学习贯彻习近平新时代中国特色社会主义思想，领会蕴含其中的思想内涵和精神实质，为做好各项工作提供了强大的思想武器。在国税地税征管体制改革、落实减税降费政策等关键改革事项中，都组织进行再学习、再领会，进一步廓清改革思路、增添工作动力，保证了税务机构改革和减税降费政策落实始终沿着正确方向平稳推进。特别是 2019 年 6 月以来，按照党中央统一部署，在中央第 23 指导组、第 11 巡回督导组的悉心指导下，税务系统第一批、第二批主题教育单位在“不忘初心、牢记使命”主题教育中，紧扣习近平新时代中国特色社会主义思想这一主线，围绕学习教育、调查研究、检视问题、整改落实四项重点措施扎实推进，形成一批学习成果、制度成果、实践成果。通过主题教育，广大税务党员干部普遍感到接受了一次深刻的马克思主义教育，对习近平新时代中国特色社会主义思想和习近平总书记关于税收工作重要论述的重大意义认识更加深刻，用以指导税收工作实践的自觉性明显增强，实现了主题教育与税收工作“两促进、两提升”。

2019年7月29日—30日，国家税务总局举办“不忘初心、牢记使命”主题教育专题研讨班。

旗帜鲜明讲政治。税务部门始终坚持把加强党的政治建设摆在首位，确保党中央、国务院决策部署在税务系统不折不扣贯彻落实。一是坚决做到“两个维护”。国家税务总局每年下发全国税务系统党建和思想政治工作要点。2019年4月，制发具体措施加强税务系统党的政治建设，教育引导广大税务干部把“两个维护”内化于心、外化于行。2019年9月，印发税务系统政治生态常态化评价机制，围绕做到“两个维护”、严肃党内政治生活、履行管党治党政治责任等7个维度共35个评价要点，建立税务系统政治生态评价体系，开展政治生态专题调研，努力营造税务系统风清气正的政治生态。二是严守政治纪律和政治规矩。国家税务总局党委把坚决做到“两个维护”作为首要政治纪律，严格执行《中国共产党纪律处分条例》，严肃查处违反政治纪律和政治规矩的行为。2019年6月，印发进一步做好税务系统重大事项请示报告工作的通知，采取清单化的形式，对各级税务局党委、党员领导干部应当请示报告的重大事项、报送程序、相关要求进行明确，确保各级税务局党委从讲政治、守规矩的高度把请示报告制度落到实处。三是严肃党内政治生活。认真贯彻落实《关于新形势下党内政治生活的若干准则》，着力提高党内政治生活质量。国家税务总局党组改设为党委后，修订工作规则，严格执行民主集中制，严格遵守党委决策程序，保证民主决策、科学决策。

坚决贯彻落实党中央、国务院决策部署。国家税务总局党委始终坚持讲政治、顾大局，坚定不移贯彻落实党中央、国务院决策部署。特别是近年来，探索建立了一套学习贯彻落实习近平总书记重要指示批示精神和党中央、国务院重大决策部署的工作机制，形成“传达学习—任务分解—督办考核—重点推进—持续改进”的抓贯彻落实的工作闭环。习近平总书记每次对税收工作作出重要指示批示，党中央、国务院作出重大涉税决策部署后，国家税务总局党委都第一时间召开党委会议、党委扩大会议、专题会议等进行传达学习，研究贯彻落实措施，并将学习贯彻情况及时报告。根据党委会议、专题会议研究确定的贯彻落实措施，形成任务清单，建立工作台账，明确时间表、任务书、责任人，分解到各相关司局抓落实落地。根据任务清单，持续跟踪督导，严格对账销号，并严格进行考评。同时，将贯彻落实情况作为内部巡视的重要内容，适时开展巡视检查。对贯彻落实习近平总书记重要指示批示精神和党中央、国务院决策部署的重大措施，由局领导召开专题会议进行研究部署和重点推进，确保形成抓落实的整体合力。对习近平总书记重要指示批示精神的贯彻落实情况进行“回头看”，逐项逐条再梳理，对已经落实的再巩固，对需要深化落实的再加力。

加强税务系统党的建设。党的十一届三中全会以后，税务机关基层党组织的覆盖面不断扩大，凝聚力和战斗力不断增强。税务系统各级党组（委）均成立党建工作指导小组及其办公室，指导和监督检查基层党建工作。2004年，中共国家税务总局党校成立，成为培训税务党员领导干部、专职党务干部和理论工作者的重要基地。2005年，全国税务系统机关党建工作研讨会要求，着力抓好思想建设、组织建设、作风建设、制度建设，为税收事业发展提供坚强的政治、思想和组织保证。2006年，全国税务系统党建和思想政治工作会议强调，要以落实党组织抓基层党建工作责任制为重点，进一步加强和改进党建工作。

党的十八大以来，国家税务总局党委深入贯彻落实习近平总书记“把抓好党建作为最大的政绩”等重要论述精神。针对税务系统党建工作客观上存在的上级税务机关与同级地方党委对税务系统党建工作“两边管”而又“两难管”，各级税务机关内部相关部门对党建工作各管一摊、职责相对分散，党建工作和业务工作“两张皮”等问题，在深入调查研究和总结一些地方好经验的基础上，探索推出以“条主动、块为主，两结合、互为补，抓党建、带队伍”为主要内容的纵合横通强党建工作机制，并不断改进完善，形成条块结合、上下联动、内部贯通共抓税务系统党建工作的良好局面。2018 年，针对国税地税机构合并后实行以国家税务总局为主与省（区、市）党委和政府双重领导管理体制的实际，出台《关于加强新形势下税务系统党的建设的意见》，强调建立“条主责、块双重，纵合力、横联通，齐心抓、党建兴”的新纵合横通强党建机制体系，明确了 12 个方面 43 项具体工作任务。同时，结合落实“三定”规定，在各省、市税务局成立机关党委和系统党建工作处（科），加强党务工作力量。2019 年 9 月，根据中央精神，国家税务总局设立党委办公室、党委组织部，分别与办公厅、人事司合署办公；设立党建工作局，加挂党委宣传部、巡视工作办公室牌子。党建工作部门的成立，为新纵合横通强党建机制体系运行提供了坚强的组织保障。

纵合。即在系统上下“纵向”形成“两个合力”。一方面，形成国家税务总局党委与地方党委及其纪委、组织部门共抓税务系统党建的合力。国税地税机构合并后，按照实行双重领导管理体制要求，坚持“条主责、块双重”，突出国家税务总局党委应承担的主体责任，健全“双重管”更有力的党建工作新机制。另一方面，形成国家税务总局党委与各级税务机关党委共抓税务系统党建的合力。通过纵合，着力打造“层层传导、层层压实”的责任链条，建立“下抓两级、抓深一层”工作机制，实施总局主抓省局、延伸带市局，省局主抓市局、延伸带县局，市局主抓县局、延伸带分局，解决税务系统层级多、抓党建主体责任传导不够的问题，避免“上热、中温、下冷”的情况。

横通。即在机关内部“横向”实现“六个打通”。打通党建与党风廉政建设、机关党建与系统党建、机关党委工作与人事工作、党建与税务执法监督、党建与干部教育培训、党建与系统绩效管理 6 个方面的工作，形成有利于各项党建工作协同有序、融合增效开展的新机制。

统抓。即抓机关带系统强化纵向统抓、抓党建促业务强化横向统抓。抓机关带系统，即在省局和市局分别设置系统党建处（科），确保系统党建工作力量自上而下得到切实增强。国家税务总局党建工作局设立后，机关党建工作由机关党委承担日常工作，系统党建工作由党建工作局负责指导、统筹和协调。同时，国家税务总局党委始终坚持以党的政治建设为统领，将党建工作和业务工作一起谋划、一起部署、一起落实、一起检查，实现“两结合、两促进”。

纵合横通强党建工作机制得到中央教育实践活动领导小组办公室、中央第 13 巡视组、中央和国家机关工委等方面的肯定，也得到部分地方党委及组织部门的肯定，为新时代新税务展现新作为新形象提供了坚强政治保证。

加强税务系统领导班子建设

各级税务机关领导班子是税务系统的“关键少数”，位置特殊、责任重大。国家税务总局党委历来高度重视系统领导班子建设，坚持把抓好各级税务机关领导班子建设作为加强队伍建设的重中之重。1992 年 7 月，全国税务工作会议强调，加强各级领导班子建设是加强队伍建设的当务之急。1994 年 8 月，全国税务局长会议强调，国家税务局和地方税务局建立后，当务之急就是加强领导班子的建设。2000 年 7 月，全国税务系统队伍建设工作会议强调，要选准、用好、管好“一把手”。2009 年 12 月，全国税务工作会议强调，加强和改进干部考核工作，建立健全促进税收事业科学发展的领导班子和领导干部考核评价机制。

党的十八大以来，国家税务总局党委按照习近平总书记关于“完善领导干部考核评价机制”“建立导向正确、措施科学、考准考实、简便管用、促进科学发展的考核评价体系”等重要论述精神，探索实施“绩效管理抓班子”的机制性措施，通过绩效管理来推动工作、发现短板、补弱学强，形成各级税务机关领导班子特别是“一把手”主动担当求作为、奋勇争先抓落实、想方设法谋发展的工作格局。

突出战略引领，让绩效管理成为抓班子促落实的“指挥棒”。每年初，国家税务总局都将习近平总书记和中央其他领导同志对税收工作的重要指示批示要求、中央经济工作会议、《政府工作报告》等涉及税收工作的各项部署，全部纳入绩效管理，细化为可量化的考核指标，明确路线图、时间表、责任人。执行中，根据新情况新精神新要求，及时补充考核指标。省局也照此原则制定考核本局机关和市局的绩效指标。以此类推，建立从总局到省市县乡五级税务机关领导班子，一级抓一级促重点工作落实的考核评价机制。

突出责任共担，让绩效管理成为抓班子促落实的“传导器”。为强化责任担当，拧紧责任螺丝，国家税务总局将各级领导班子成员的个人绩效同本单位、分管部门、联系点的组织绩效紧密联系起来，促进责任在上下级之间双向传导，激励各级班子成员尽其责、善其事。比如，总局各司局、各省局“一把手”的个人绩效等同于本单位的组织绩效，只有本单位的绩效成绩好了，“一把手”个人的绩效成绩才能好。这样，不但有效解决了在抓落实中领导班子成员之间责任不清、一级抓一级不够有力的问题，而且形成了个人绩效与组织绩效一体化、班子成员与分管工作紧密关联的激励约束机制。

突出奖优罚劣，让绩效管理成为抓班子促落实的“动力源”。国家税务总局研究制定一整套绩效考评结果运用办法，将绩效成绩与班子成员的评先评优、重用提任等挂钩，形成各级班子都铆足劲比着干的浓厚氛围。例如，在总体不增加干部职数的前提下，对排名前两位的司局和省局各增加一名副司级干部晋升职数，对排名最后两位的则相应各减少一名副司级干部晋升职数。

突出持续改进，让绩效管理成为抓班子促落实的“校准仪”。通过上级改指标、下级改工作，不断把考评校准做实、把工作抓准落实。从2014年试行绩效管理1.0版开始，年年持续改进，到2019年已升级为7.0版。在改进考评的同时，按季开展绩效讲评，由各单位“一把手”针对考评结果查找本单位工作短板，提出改进工作的措施，达到明目标、补短板、强弱项的效果，更好地形成“战略—目标—执行—考评—改进”的绩效管理闭环运行机制。

2014年以来，通过绩效管理抓班子，增强了班子整体合力，确保了党中央、国务院决策部署和税收改革发展重点任务在税务系统得到较好落实，得到了中央领导同志、有关部门和地方党委政府的好评。国家行政学院政府绩效评估中心第三方评估认为：“税务绩效管理工作在全国处于领先地位，是中央国家机关推行绩效管理的成功典范。”荷兰国际财税文献局评价，中国税务部门把现代管理与大数据理念运用到绩效管理和人力资源管理，是非常先进和超前的。2018年11月，世界银行发布全球公共部门绩效报告，将中国税务部门绩效管理经验作为15个最佳案例之一向全球推介。2019年5月，国家税务总局研究课题《推动高质量发展的税务绩效管理：实践发展与理论研究》被列入2019年度国家社会科学基金重大委托项目。

深化税务干部人事制度改革

20世纪80年代，税务系统通过建立和健全各级税务干部岗位责任制、普遍推行目标管理岗位责任制，形成对干部进行全面考核的综合指标，明确了奖勤罚懒、奖优罚劣的导向。1994年12月，全国税务局长会议强调，要逐步探索、建立一套充满活力的激励制约机制。2000年7月，全国税务系统队伍建设工作会议强调，要在各级税务机关、部门层层建立科学的目标责任体系，建立科学量化的考核办法，客观、公正评价每个干部的工作实绩。2003年12月，全国税务工作会议强调，坚持在干事创业中考察识别干部、培养锻炼干部、激励约束干部，深化劳动分配制度改革，完善能级管理办法。2007年12月，全国税务工作会议强调，要完善公开选拔、竞争上岗办法，加大培养选拔优秀干部的力度。2011年7月，全国税务系统干部队伍和党风廉政建设会议强调，要逐步形成科学合理的干部分途发展格局。

党的十八大以来，习近平总书记作出“改革完善干部考核评价制度，建立系统完备、科学规范、有效管用、简便易行的干部综合考核评价体系”等一系列重要论述。国家税务总局党委认真贯彻习近平总书记重要论述精神，积极探索创新。2014年，探索构建“数字人事管干部”的工作机制，坚持党管干部的原则，将主要按“事”制定的干部管理法规制度，转化为可按“人”成长发展轨迹进行归集的考评指标体系，形成“个人成长账户”大数据，作为识人用人的评价依据，实现干部考核管理日常化、日常管理指标化、指标管理数字化、数字管理累积化、累积管理可比化、可比管理挂钩化、挂钩管理导向化，促进干部履职尽责、向上向善。其主要特点归纳为“六个注重”：一是注重全面综合评价，着力解决“考核不深、识人不准”的问题。数字人事考核评价指标涵盖“一个基础、四个支柱”。其中，“一个基础”就是干部的职业（职位）基础，对新进人员采集教育背景、公务员考录等从业基础信息，掌握其潜能潜质；对在职人员记录近三年考核加权得分作为职位基础信息，综合反映其一段时期的表现。“四个支柱”分别指平时个人绩效考核、公认评价考核、业务能力考核、领导能力考核，综合反映干部的“德、能、勤、绩、廉”情况。由此形成既看发展又看基础，既看显绩又看潜绩的考评体系，为每位干部精准“画像”，提高考察和识别干部的准确度。二是注重平时一贯表现，着力解决“平时不算账、年终糊涂账”的问题。数字人事制度将每一名干部平时的“日常绩效”，分解为组织绩效挂钩得分、工作任务完成得分、现实表现测评得分和加减分等考核指标，通过“按日（周）记实、按月（季）考评、按年归集”的

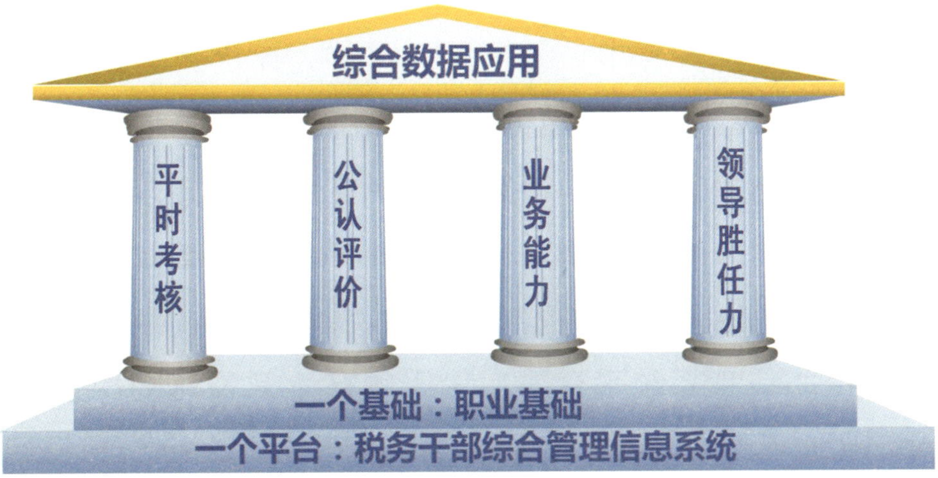

数字人事架构示意

方式计入“个人成长账户”，做到“一本平时账、工作全计量，好坏一眼望、庸懒无处藏”。三是注重分级分类考核，解决“一刀切、一锅煮”的问题。为突出考核的针对性，数字人事设置班子正职、班子副职、部门正职、部门副职、部门其他人员等人员类别，对同级同类人员采用相同的考核标准；对不同类别人员在考核指标构成上有所区分。同时，不同单位层级、不同职务层级干部的日常绩效（平时考核）组成及权重也不同。四是注重量化累积可比，着力解决“干多干少一个样、干好干坏一个样”的问题。在对干部考核指标进行量化的基础上，通过连续记录干部职业生涯各个阶段的指标数据，时时累积、次次累积、年年累积，形成客观动态反映干部成长轨迹的“全息影像”，有利于更好地实现对同一人员不同时期的纵向比较和对同级同类人员的横向比较，解决识人用人时“想比不好比、对比不科学”的问题。五是注重结果挂钩运用，着力解决“论资排辈、平衡照顾”的问题。根据“个人成长账户”的成绩，每年对干部考核分为好、中、差三段。在评先评优、干部选拔任用中，优先考虑考核成绩排在前面的干部，排在末段（后5%）的干部不得作为人选。六是注重简单便捷易行，着力解决“操作费时、考评费力”的问题。数字人事在制度设计上注重全面记录反映干部一贯表现，在具体操作上力求化繁为简、便捷易行。通过专门的信息系统平台，一般干部基本只需每周一次利用5分钟记录自己的工作日志，每季度利用5~10分钟进行一次投票测评，数据自动生成、结果自动计算，不搞“留痕管理”，不增加干部负担。

数字人事从2014年开始制度设计，到2015年在徐州、潍坊两市国税局成功试点，之后历经8轮扩大试点、5轮制度修订、4轮软件升级，于2019年7月在全国税务系统全面上线。在中央组织部召开的全国公务员工作暨学习贯彻公务员法座谈会上，国家税务总局作了专题介绍。国家公务员局领导调研后认为，数字人事制度是干部人事管理模式的重大创新举措，为全国公务员考核工作提供了鲜活的案例和样本。地方党政领导对此给予了积极评价，90%以上税务干部表示认可。在2018年税收征管论坛人力资源会议、亚洲税收管理与研究组织年会以及2019年金砖国家税务部门组织管理研讨会、“一带一路”税收征管合作论坛等国际会议上，国家税务总局应邀介绍此方面的经验做法，得到与会代表的高度肯定。

在大力推行数字人事的同时，根据中央相关精神，国家税务总局于2015年8月在县以下税务机关开展职务与职级并行制度试点。从2019年6月起，按照《中华人民共和国公务员法》相关规定和中央部署，在税务系统有序实施公务员职务与职级并行制度。

加强税务人才队伍建设

在税收改革发展历程中，国家税务总局认真落实党管人才的要求，采取有效措施，抓好各类人才的培养和使用，大力实施人才培养工程，打造高素质专业化人才队伍。

20世纪80年代，国家税务总局先后接收和建立了长春税务学院、扬州大学税务学院、辽宁税务高等专科学校、湖南税务高等专科学校等4所高等院校及北京市税务学校、江苏省税务学校、贵州省税务学校、西北税务学校等27所中等专业学校，加大税收急需人才培养，组织税务干部参加在职学历教育，较好地解决了税务系统面临的人才匮乏问题。1994年，国家税务总局成立教育中心，以抓"普教"和"干训"并重，培养税收人才。1998年，适应国家教育制度改革需要，国家税务总局提出"抓转移、抓构建、抓提高"的工作思路，停办普通学历教育，将人才培养的战略重心转移到提升税务干部的专业基础知识与岗位技能上来。2000年7月，全国税务系统队伍建设工作会议强调，要加大教育培训力度，不断提高税务干部的政治、业务和科学文化素质。同年，国家税务总局制定《面向21世纪税务教育改革和发展行动计划》，计划从2000年开始用10年时间分三步走，建设一个以现有税务教育培训资源为依托、以税务系统国家公务员培训为中心、以税收工作实际需求为导向的科学规范的税务教育培训机制。2003年7月，全国税务系统干部教育培训工作会议强调，要大规模培训干部，大幅度提高干部素质，为税收事业发展提供思想政治保证、人才保证和智力支持。2011年7月，全国税务系统干部队伍和党风廉政建设工作会议强调，要以人才培养为重点，努力形成一支数量充足、专业齐全、结构合理、素质优良的税务人才队伍。

延伸阅读

中共国家税务总局党校挂牌

1989年1月6日，为适应财税机构分设、税制改革不断深入以及税务干部队伍不断扩大、素质急需提高的新形势，国家税务总局扬州培训中心成立，标志着第一所直属国家税务总局领导的全国税务系统培训基地诞生，全国税务系统干部教育培训工作开始走上规范化、专业化、集约化的道路。2004年10月，增挂“中共国家税务总局党校”校牌。

党的十八大以来，国家税务总局党委认真贯彻习近平总书记关于“加快建设人才强国”“抓好高端人才的培养”等重要论述精神，着力构建全方位、多层次人才培养体系，特别是从2013年开始，在全国税务系统实施素质提升“115”工程，即：力争用10年左右的时间，培养1千名税务领军人才、1万名业务骨干人才、5万名岗位能手，构建起“金字塔”式的人才梯队。一是全面培养专业人才。建立总局、省局、市局三级立体人才库，涵盖税收法制、税政业务、税收征管、纳税服务、税务稽查、国际税收、税收信息化、党建工作、纪检监察、巡视巡察、督察内审等各个方面。每年组织开展“岗位大练兵、业务大比武”活动，通过层层练、层层比、层层升级递进，让不同岗位、不同层级的干部都有展示才干的机会和舞台，增强干部爱岗敬业的积极性，带动队伍整体素质提升。二是重点打造领军人才。从 2013 年开始，着手实施税务领军人才培养规划，截至 2019 年 9 月底，已分 6 批选拔了 765 名税务领军人才培养对象，前三批已经结业，引领示范效应明显，系统上下公认度较高。坚持高标准选拔，将培养对象的门槛条件确定为具有硕士以上学位和相当于大学英语六级水平，科级干部不超过 40 周岁，处级干部不超过 45 周岁。坚持长周期培育，遵循人才培养规律，设置 4 年培养周期，“文火炖高汤”，对领军人才培养对象分知识拓展、能力提升、应用提高 3 个阶段递进式培养。坚持严要求管理，借鉴高校学分制的管理经验，进行量化积分排名，对排名靠后的预警，并保持 4 年培养周期一定比例的淘汰率。坚持多渠道磨炼，一方面“压担子”，对总局、省局的重要任务、重大课题，都安排领军人才参加或牵头，发挥其攻坚克难的作用；另一方面“搭台子”，选派一些领军人才培养对象到比较艰苦的基层县区局担任主要负责人，锻炼其领军带队的能力。2013—2019 年，各批次领军人才学员共发表论文 2000 多篇，参与完成税务总局重点课题研究 200 多人次，100 多人次获得各种省部级表彰和荣誉称号。税务系统人才培养工作，得到了中央组织部、外交部、教育部、商务部、科技部外国专家局等部门的大力支持和肯定。同时，越来越多的发展中国家税务部门对国家税务总局的做法表示赞赏和关注。三是倾力储备战略人才。党的十九大后，国家税务总局党委按照习近平总书记关于“培养造就一大批具有国际水平的战略人才”的重要论述，着手加强“领军后”

人才培养，倾力储备一批战略性人才。逐年筛选已结业的优秀处级以上领军人才，按照政治过硬、本领高强、格局远大、国际一流的培养目标，采取国际化和综合型两个方向开展税务战略人才培养。一方面，着力培育国际化战略人才。主动与国际惯例接轨，以服务国家对外总体战略，参与全球治理为目标，采取“送出国（境）”方式，着力培养具有国际视野、熟练运用外语、通晓国际规则、精通国际事务的国际化税务战略人才。另一方面，着力培育综合型战略人才。以强党性、塑格局、提能力为重点，采取“派出门”方式，着力培养具有战略思维、创新思维、全局观念和开放治税能力的综合型税务战略人才。通过税务战略人才培养，充分发挥税务干部在全球经济治理、重大战略实施、引领税收改革、服务经济发展等领域中的积极作用，提升中国税务影响力。

2013 年 11 月 22 日，首批全国税务领军人才培养研修班开班仪式在国家税务总局税务干部进修学院举行。

加强税务基层建设

基础不牢，地动山摇。税务系统 90% 的干部在基层，基层强则事业强，基层兴则事业兴。国家税务总局高度重视基层建设，坚持人、财、物向基层倾斜，着力夯实高质量推进新时代税收现代化的基石。

1995 年 8 月，全国税务系统思想政治工作会议强调，县级以上税务部门对基层建设要制定出长远规划、近期目标及具体实施办法，并将基层建设纳入部门责任制，作为考核主管领导和主管部门的一项重要内容。随后国家税务总局制发《全国税务系统基层建设纲要（试行）》，要求切实将税收工作重心转向基层，转移到征管上，把基层建设提高到一个新水平。2000 年 7 月，全国税务系统队伍建设工作会议强调，只有把基层建设搞好，才能带出一支高素质的干部队伍。2003 年 8 月，全国税务系统基层建设工作会议要求，围绕加强基层领导班子建设、加强组织体系建设、加强干部队伍建设、加强管理基础建设、加强党风廉政建设等五个方面部署推进基层建设。2011 年 7 月，全国税务系统干部队伍和党风廉政建设工作会议强调，总局和省局要切实增强为基层服务的意识，努力为基层创造良好的工作环境，指导帮助基层更好地开展工作。

党的十八大以来，国家税务总局认真贯彻落实习近平总书记关于必须牢固树立大抓基层的鲜明导向、把抓基层打基础作为长远之举和固本之策等系列重要论述精神，探索形成了“严管善待活基层”的有效机制，厚植干事创业的浓厚氛围。一是压实基层工作责任。国家税务总局党委在加强基层组织建设的同时，切实担好从严管理基层的政治责任，持续用力把主体责任向基层传导压“实”。坚持“下抓两级、抓深一层”，国家税务总局领导均确定 2 个市税务局基层党建工作联系点，省税务局、市税务局班子成员至少分别确定 1 个县税务局、税务分局（所）基层党建联系点，每年至少 2 次到联系点指导党建工作。二是切实服务基层。2013 年，国家税务总局制发《关于转变职能 改进作风更好为基层服务的通知》，出台服务基层的 10 条措施。2015 年，制定《关于加强税务系统基层建设的指导意见》，切实加强基层党的建设、领导班子建设、业务基础建设、干部队伍建设、党风廉政建设和基层保障建设。2017 年 8 月，专门召开全国税务系统基层工作会议，提出“抓实党建铸魂、配优班子聚力、带强队伍固本、真情服务暖心”的工作思路，并制发《关于新形势下加强税务系统基层建设的若干措施》，出台加强基层建设 30 条切实管用的措施，使严

2017 年 8 月 31 日，全国税务系统基层工作会议在北京召开。

管善待活基层有了系统的推进举措。2019 年 8 月，为适应国税地税征管体制改革之后的新形势，国家税务总局制发《关于进一步加强税务系统基层建设具体措施》，出台 10 条加强基层建设的新措施，进一步推进税务系统基层建设。三是解决形式主义突出问题为基层减负。始终把减轻基层负担作为加强基层建设的重要措施，特别是 2019 年按照中央关于“基层减负年”的各项部署，先后出台解决税务系统形式主义突出问题为基层减负的 22 项具体措施、进一步加强统筹切实为基层减负的 10 条新措施。在“不忘初心、牢记使命”主题教育中，国家税务总局认真扎实开展形式主义、官僚主义突出问题专项整治，为基层发展减轻负担、注入活力，收到积极成效。

加强精神文明和税务文化建设

1997 年初，国家税务总局制定《全国税务系统加强社会主义精神文明建设实施意见》，成立全国税务系统精神文明建设领导小组和办事机构。2000 年，全国税务系统队伍建设工作会议指出，开展精神文明创建活动是加强基层建设的重要载体和强大动力。2005 年，国家税务总局（机关）被评为“全国文明单位”，并在 2009 年通过复核认定。2007 年，全国税务工作会议强调，要广泛深入开展精神文明创建活动，形成人人知荣辱、讲正气、比贡献、增团结、促和谐的新风尚。同年，国家税务总局对全国税务系统文明单位和精神文明建设先进工作者进行表彰。2008 年 12 月，全

2008 年 4 月 29 日，时任国家税务总局党组书记、局长肖捷（后排右三）与税务系统五一劳动奖状、奖章获得者代表合影。

国税务工作会议强调，要以税务文化建设为抓手，推动思想政治工作；以内强素质、外塑形象为目标，深入开展精神文明创建活动。2009 年，国家税务总局印发《关于加强税务文化建设的指导意见》，明确了税务文化建设的指导思想、总体目标、基本原则和主要内容，为税收事业的科学发展提供强有力的精神支撑和文化保障。

党的十八大以来，国家税务总局党委深入学习贯彻习近平新时代中国特色社会主义思想，在中央精神文明建设指导委员会指导下，开拓进取，扎实工作，推动税务系统精神文明建设和税务文化建设迈上新台阶、取得新进展。一是认真提炼、大力弘扬中国税务精神。在全面推开营改增试点的过程中，广大税务干部勇挑重担、攻坚克难，确保了试点平稳落地并取得积极效应，形成了“知难而进、追求卓越、坚守使命”的营改增精神。2017年，全国税务系统广泛开展中国税务精神提炼活动，25万余名税务干部直接参与，最终形成了“忠诚担当、崇法守纪、兴税强国”的中国税务精神，充分反映了我国税务干部的共同价值取向和忠实践行“为国聚财、为民收税”神圣使命的精神追求。2018年，开展了“践行中国税务精神、助力国税地税征管体制改革”等一系列丰富多彩、喜闻乐见的活动。2019年，以国税地税征管体制改革、减税降费为主题，大力开展先进典型选树宣传活动，先后开展4轮31场次巡回宣讲，引起较大反响。同时，对营改增、国税地税征管体制改革、稽查办案、减税降费、个人所得税改革等专项工作中表现突出的干部及时表彰奖励，树立了学习先进、争当先进的良好氛围，凝聚干事创业力量。二是加强税务职业道德建设。践行“爱岗敬业、公正执法、诚信服务、廉洁奉公”的税务职业道德规范，大力提升干部职工道德素养。举办道德讲堂，树立道德模范，强化理想信念、职业道德教育，推动道德标准内化于心、外化于行，倾力打造一支忠诚、干净、担当的高素质税务干部队伍。三是努力打造行业特色文化。2019年，国家税务总局出台《关于加强新时代税务文化建设的意见》，努力打造税务特色文化，形成独具税务特色的文化氛围。先后制定出台并优化升级纳税服务、税收征管、财务管理、巡视巡察等10余项工作规范，形成鲜明的制度文化。建立办税服务厅的统一形象标识，加强基

2019 年 7 月 30 日，国家税务总局与中央文明办联合举办第二届“全国道德模范与身边好人——中国好税官”现场交流活动。

层党团小活动室等“六小”建设，形成独具特色的物态文化。在探索实践中，各级税务机关形成了一批兼具税务工作特点和地域文化特色的文化品牌。四是开展群众性精神文明创建活动。党的十八大以来，全国税务系统累计有 1795 个单位、665 名个人获得省部级以上表彰奖励；共创建全国文明单位 915 个，占全国文明单位总数的 13.11%。2017 年和 2019 年，国家税务总局与中央文明办联合举办两届“全国道德模范与身边好人——中国好税官”现场交流活动，分享 23 位“中国好税官”代表的感人事迹，在全国税务系统牢固树立崇德向善、奋发向上的良好导向。

加强税务行政管理

新中国成立 70 年来，伴随着税收事业的发展和税务机构的改革变迁，税务系统内部行政管理工作朝着规范化、科学化、精细化的目标不断迈进，管理制度不断健全，管理效能持续提升。

财务管理。紧紧围绕税收中心工作，不断深化财务管理改革，充分发挥财务管理服务大局和监督管理职能，为税收事业发展提供了有力保障。一是坚持用制度管人、按制度办事，实现税务系统财务管理程序化、制度化和规范化。二是稳步推进经费管理体制改革，2018年机构改革中确立了中央保障为主、地方保障为辅的新经费保障体制，税务系统经费保障水平不断提高。三是逐步规范会计基础工作。1997年、2014年、2017年3次推进会计制度改革。四是资产和基本建设管理进一步完善。2000年、2007年、2016年、2018年4次开展全系统资产清查工作，摸清了家底，为完善和规范资产管理工作奠定了基础。五是财务监督有效实施。完善内控制度和岗责体系，运用内控信息化平台实时监管，不断增加风险防控能力。主动向社会公开部门预决算、“三公”经费和行政经费，自觉接受社会监督。

内部审计。国家税务总局内部审计工作积极适应新形势，展现新作为，保障税收现代化顺利推进。一是坚持完善制度，规范发展。从基本规范、流程规范和实体规范三个层面明确了内部审计基本要求，促进内部审计工作合法合规有序开展。二是坚持突出重点，有所作为。突出“关键少数”，强化领导干部经济责任审计；突出中央八项规定精神贯彻落实情况审计监督；突出重点领域、重点环节的审计监督，特别是重大项目、政府采购、基本建设、扶贫资金等。三是坚持科技强审，提质增效。依托税务系统内部控制监督平台，实现对督察审计项目全流程信息化、痕迹化管理，精准筛选疑点，提升监督质效。四是坚持督促整改，举一反三。通过内部审计监督，一方面严格抓整改，纠正问题，规范管理；另一方面认真分析内部审计发现的共性问题，揭示苗头性、倾向性的风险，分析成因，提出建议，促进建立长效机制，积极发挥内部审计建设性作用。

政府采购。国家税务总局积极探索适合税务系统特点的政府采购工作思路，经过多年实践，于 2017 年明确了制度化、规范化、专业化的建设方向，并逐步构建完善了符合法律法规规定、适应税务系统实际的政府采购制度体系。制定修订了《税务系统政府采购工作规范》，并先后制定软件升级完善和运维、信息化设备、税务制服制作、物业服务、普通发票印制等系列政府采购业务指引，为基层采购工作提供了极大的便利。加强政府采购信息化建设，2018 年开始推行集网上采购、网上监管为一体的“税务采购网”，初步实现了政府采购与互联网深度融合。

后勤管理。全国税务系统后勤部门牢固树立科学化、精细化、人性化和专业化的工作理念，努力创建节约型税务机关，形成了体系完备、执行严格、监督到位、惩戒有力的科学管理体系，实现了“以人管事”到“制度管事”的转变。健全后勤保障规范标准，优化后勤保障流程，创新后勤保障模式，圆满完成了全面推开营改增试点、国税地税征管体制改革、落实减税降费政策等重大任务的后勤保障工作。拓展后勤服务项目，做到想职工之所想、急职工之所急、帮职工之所需，切实提高服务水平。

税收科研。税收科研部门围绕中心、服务大局，积极探索、锐意创新，取得显著成绩。党的十八大以来，国家税务总局税收科学研究所突出重点开展课题研究，组织立项110余项，共有32项研究成果获得财政部、商务部、国家税务总局等部局级优秀成果奖。广泛开展内容丰富、主题鲜明、形式多样的国内国际学术交流活动。各级税收科研部门持续巩固优化科研基础，在制度建设、绩效管理、内刊编辑等方面夯基垒台，规范了工作，提升了效能。中国税务学会、中国国际税收研究会对开展税收理论和政策研究、组织税务学术交流作出了重要的积极贡献。

离退休干部工作。税务系统一直高度重视离退休干部工作。2019年9月，国家税务总局离退休干部办公室改为离退休干部局，进一步加强对税务系统离退休干部工作的指导。同时，紧密结合实际，积极引导老同志服务税收中心工作，不断发挥余热、增添正能量。用心用情做好老干部服务工作，切实保障离退休干部的生活待遇，体现组织关心关爱之情。

推进税务系统全面从严治党

税务系统队伍大、层级多、分布广。税务干部掌握一定的执法权，与广大纳税人打交道，面临的廉政风险比较多。国家税务总局党委站在党要管党、从严治党的高度，扛牢抓实全面从严治党主体责任，坚持真管真严、敢管敢严、长管长严，推动税务系统全面从严治党向纵深发展。自1994年国税、地税机构分设以来，每年召开税务系统党风廉政建设工作会议，部署税务系统年度反腐倡廉工作任务。2005年3月，国家税务总局制发《建立健全税务系统惩治和预防腐败体系的实施意见》，之后又制发《全国税务系统贯彻落实中共中央“建立健全惩治和预防腐败体系 2008 年—2012 年工作规划”实施办法》，明确了 2008—2012 年税务系统惩治和预防腐败体系建设的指导思想、基本要求、工作目标及相关措施，形成推进税务系统惩治和预防腐败体系建设的指导性文件。

党的十八大以来，以习近平同志为核心的党中央从关乎党的生死存亡、关乎国家和民族的前途命运的高度，坚定不移推进全面从严治党。国家税务总局党委深入学习贯彻习近平总书记关于全面从严治党的重要论述精神，坚持党要管党、全面从严治党，每年召开全面从严治党工作会议，谋划思路，部署工作。2014—2019 年，相继部署实施“五大工程”“五严要求”“五个突破”“五个深化”“七个着力”“六个进一步”，税务系统全面从严治党工作思路不断创新，措施不断深化，制度机制不断健全，责任不断压实。

延伸阅读

税务系统全面从严治党工作部署

“五大工程”：通电工程、扎根工程、亮剑工程、防护网工程、任务书工程。

“五严要求”：严格落实主体责任、严厉惩处腐败、严明纪律规矩、严防“四风”反弹、严扎制度之笼。

“五个突破”：落实主体责任有新突破、加强基层党风廉政建设有新突破、纪律建设有新突破、反对“四风”有新突破、加强监督有新突破。

“五个深化”：深化推进作风建设、深化推进落实“两个责任”、深化推进巡视监督工作、深化推进内控机制建设、深化推进纪检监察队伍建设。

“七个着力”：着力加强党的政治建设、着力落实中央八项规定精神、着力加强纪律建设、着力保持惩治腐败高压态势、着力加大监督检查力度、着力推动全面从严治党责任落到实处、着力加强党务和纪检监察干部队伍建设。

“六个进一步”：进一步加强税务系统党的政治建设、进一步巩固拓展作风建设成果、进一步加大反腐败工作力度、进一步构建税务大监督格局、进一步完善税务纪检体制机制、进一步锻造税务纪检干部铁军。

“两个责任”得到有力落实。国家税务总局党委始终坚持落实主体责任。2014年底，在中央国家机关中较早制定了《税务机关各级党组落实党风廉政建设主体责任实施办法》，从国家税务总局党组到各级税务机关党组，从机关党委到基层党支部，都逐一明确责任，从而形成了完整的责任链条。随后，根据中央关于全面从严治党的最新精神，多次进行修改完善，于2019年2月形成《税务系统落实全面从严治党主体责任和监督责任实施办法

（试行）》，明确了国家税务总局党委、党委书记、党委委员和纪检机构等9类责任主体的97项具体责任事项，做到明责、履责、问责，确保国家税务总局党委始终把主体责任抓在手上、扛在肩上、落在地上，纪检机构切实履行监督执纪问责职责。国家税务总局党委每年听取各省（区、市）税务局党委书记履行全面从严治党主体责任情况汇报，国家税务总局机关党委每年初听取各司局党支部书记落实全面从严治党主体责任情况汇报，并开展评价评议工作，督促全面从严治党主体责任层层传达、层层压实。同时，国家税务总局党委坚决落实中央、中央纪委国家监委有关要求，自觉接受、主动配合中央纪委国家监委驻税务总局纪检监察组监督，全力支持中央纪委国家监委驻税务总局纪检监察组和税务系统纪检监察部门深化“三转”、履行监督责任。

为保证监督责任落实到位，2013年，配齐配强33名省国家税务局纪检组长，在各级稽查局、直属分局等单位配备2800余名纪检监察干部，为推动党风廉政建设提供坚强的组织保障。2018年国税地税征管体制改革中，进一步配齐配强纪检干部力量，明确要求省级税务局纪检专职干部原则上不少于15人，设3个实体科室，并增强了市局、县局纪检工作力量，为加强监督执纪问责提供充实人力保障。

巡视巡察工作不断深化。国家税务总局党委高度重视巡视巡察工作，将其作为落实管党治党、全面从严治党政治责任和党中央重大决策部署的重要抓手，推动税务系统全面从严治党向纵深发展、向基层延伸。国家税务总局党委巡视工作得到中央巡视办充分肯定，被确定为中央巡视工作联系点。一是加强机构建设。2005 年 3 月，设立巡视工作办公室；2015 年 5 月，成立巡视工作领导小组，下设巡视工作办公室，实行独立运作；2019 年 8 月，国家税务总局党建工作局加挂巡视工作办公室牌子。二是深化政治监督。党的十八大届期，实现对 36 个省（区、市）国家税务局党组、12 个直属单位党组织巡视全覆盖。党的十九大以来，国家税务总局党委已完成两轮巡视任务。扎实推进基层巡察，党的十八大届期，各省（区、市）国家税务局党组完成对 376 个市级国家税务局党组和 3343 个县级国家税务局党组的巡察全覆盖。全面开展巡视巡察整改和自查自纠，实施巡视巡察“回头看”，确保整改任务全面落地见效。三是推进制度建设。党的十九大以来，先后印发税务巡视巡察工作规范等制度，创新提出税务巡视巡察工作“双闭环”管理理念及模式，实现大监督、大治理、全链条管理，全面提升政治监督质效。四是突出创新引领。坚持从基础工作抓起，2019 年组织开展税务系统巡视巡察“强基提质年”建设，夯实基础、提升质效。自主研发建设统一适用的税务巡视巡察信息管理系统，于 2019 年 6 月在全国税务系统全面推广上线应用。税务巡视巡察信息管理系统荣获“中央国家机关党建信息化最佳案例”。五是锻造巡视巡察铁军。建成覆盖国家税务总局、省税务局、市税务局三级，涵盖综合文字、党建、税收管理等 14 个方面的巡视巡察组长库、巡视巡察人才库和巡视智库，出台《关于推动巡视巡察岗位成为发现培养锻炼干部重要平台的意见》，推动巡视巡察工作与发现培养锻炼干部有机融合，为巡视巡察工作提供有力人才保障。

落实中央八项规定精神不断深入。认真落实中央八项规定及其实施细则精神，坚持抓常、抓细、抓长，注重严在经常、抓在日常，坚决纠正“四风”，严肃查处违规行为。2012年中央八项规定下发后，国家税务总局党组及时制定下发税务系统贯彻落实的实施办法。2016年6月，根据中央最新精神进行了修订，进一步强化细化落实要求。2018年1月，制发贯彻落实中央八项规定实施细则的实施办法。2018年国税地税机构合并后，国家税务总局党委及时部署36个省级新税务机关修订完成本单位党委贯彻落实中央八项规定实施细则的实施办法。每逢元旦、春节、“五一”、端午、中秋等重要节点督促及时发出通知、出台禁令，早提醒、早打招呼，督促各级税务机关和税务干部认真落实中央八项规定及其实施细则精神。从2015年开始，组织开展落实中央八项规定精神“回头看”，采取明察暗访、专项检查、巡视督察等方式，持之以恒纠正“四风”。同时，对违反中央八项规定精神的行为，及时通报和曝光典型案件。

内控机制建设持续深化。税务系统内控机制建设大致经历了三个阶段：第一阶段是以廉政风险防控为主的起步阶段。2009年率先在国家税务总局机关推行部门内控机制建设，随后逐步向各省和各地市税务机关推进。2012年，国家税务总局制发《关于进一步深化内控机制建设加强廉政风险防控的意见》，将内控机制建设作为“一把手工程”纳入党风廉政建设责任制考核与绩效管理。第二阶段是探索信息化防控的发展阶段。2014年，明确提出“制度加科技、管队又治税”的内控发展思路和“两覆盖、两优化、两提升”的内控机制建设工作目标。第三阶段是构建“制度+科技+文化”体系的全面深化阶段。2016年8月，制发《关于进一步做好当前内控机制建设工作的通知》，提出建设内部控制“制度、流程、信息、监督”四道防线，由单纯防控转向全面系统防控。税务系统内控机制建设取得了明显成效。一是内控制度体系基本建立。已建成“四位一体”的内部制度体系，涵盖1项基本制度、3项管理制度、12项专项制度和27项操作指引。在此基础上，各省（区、市）税务局广泛应用清单式、表单式、嵌入式等形式，建立起具有本地特色的专项制度，编制了符合本地基层实际、简明易行的操作指引，推进内控制度在基层全面落地，构建起“横向全覆盖、纵向一体化”的风险防控网。二是内控内生化深入推进。全国税务系统以金税三期工程税收业务软件为重点，在征收、管理、稽查、减免税、出口退税等重要环节预设内控节点，对应办事项及时提醒，对错办事项及时干预或阻断。截至2019年9月底，金税三期工程中共有3000余个节点实现内控功能内生化，基本覆盖了各主要业务事项。三是内部控制监督平台全面推广使用。内部控制监督平台于2018年4月在全国税务系统全面推广上线，随后紧跟税务机构改革步伐和金税三期工程并库进度，在2019年4月实现并库运行。平台上线后，税务系统内部控制初步实现由“人防”向“机控”、由“分散”向“集约”、由“现场检查”向“远程分析”的变革式发展。四是内控文化氛围基本形成。随着内部控制工作的不断推进，税务系统风险防控能力和水平有了较大提升，内控工作查错纠偏、参谋警示、化险除患的功能正深入人心，各级税务机关的内控意识不断增强，由“要我控”到“我要控”的环境氛围逐步形成。

问责追责力度不断加大。国家税务总局党委把纪律和规矩挺在前面，坚持纪严于法、纪在法前，促使税务干部知敬畏、存戒惧、守底线。坚持有案必查、有腐必惩，保持查办案件的高压态势，并向全系统印发通报，持续释放执纪必严、违纪必究的强烈信号。2016年3月，制定《关于运用监督执纪“四种形态”的实施意见（试行）》，细化问责主体、工作职责、运用“四种形态”的适用情形、处理方式和操作程序等。当年全国税务系统运用第一种形态处理989人次，第二种形态处理56人次，第三种形态处理4人次，第四种形态处理1人次。严格推行一案双查，于2019年2月修订下发《税收违法案件一案双查实施办法（试行）》，并严肃查处税务机关和税务人员内外勾结、失职渎职、以税谋私的行为，既规范纳税人，又规范税务人。

展　望

——奋进新征程　谱写新篇章

回顾新中国税收70年，我们激情澎湃；展望新时代新税务新征程，我们信心满怀。当今世界正经历百年未有之大变局，中国特色社会主义进入新时代，我们比历史上任何时期都更接近、更有信心和能力实现中华民族伟大复兴。税务部门将始终保持永不懈怠的精神状态和一往无前的奋斗姿态，积极发挥税收在国家治理中的基础性、支柱性、保障性作用，在高质量推进新时代税收现代化新征程中彰显新作为新形象。

始终坚持以习近平新时代中国特色社会主义思想为指导，确保税收工作沿着正确方向前进。习近平新时代中国特色社会主义思想是当代中国马克思主义、21世纪马克思主义，是引领党和国家事业不断从胜利走向新的胜利的强大思想武器和行动指南。理论的源头在实践，真理的力量在行动。要始终把学习贯彻习近平新时代中国特色社会主义思想作为一项长期重要的政治任务，引导税务系统广大党员干部真学真懂真信真用，增强“四个意识”，坚定“四个自信”，做到“两个维护”，在新征程上统一意志、统一行动、步调一致向前进。要以党的政治建设为统领，全面推进完善税务系统党的建设的体制机制，持续健全新纵合横通强党建机制体系，切实增强各级税务党组织的创造力、凝聚力、战斗力，充分调动党员干部的积极性、主动性和创造性，为税收事业发展提供坚强政治保障。要持续完善党中央、国务院重大决策部署落实机制，坚决贯彻落实好习近平总书记重要指示批示精神，特别是对税收工作的重要论述精神，立足实际创造性开展工作，确保党中央、国务院重大决策部署在税务部门更好落地生根。

切实加强税收制度体系建设，扎实推进税收治理体系和治理能力现代化。党的十九届四中全会全面回答了在我国国家制度和国家治理体系上应该“坚持和巩固什么、完善和发展什么”这个重大政治问题，为坚持和完善中国特色社会主义制度、推进国家治理体系和治理能力现代化指明了前进方向。税收治理是国家治理的重要组成部分。落实党的十九届四中全会精神，必须更好推进税收治理体系和治理能力现代化，更好发挥税收服务国家治理现代化的作用。国家税务总局从2013年提出税收现代化“六大体系”以来，年年丰富完善，持续推进深化，税收现代化建设的“四梁八柱”已经基本建立。根据党的十九届四中全会新要求，全方位审视税收制度体系存在的问题和不足，坚持固根基、扬优势、补短板、强弱项，进一步构建税收现代化“六大体系”，深入推进建设坚强有力的党的领导制度体系、科学完备的税收法治体系、优质便捷的税费服务体系、严密规范的税费征管体系、合作共赢的国际税收体系、高效清廉的队伍组织体系，努力使税收各领域制度更加成熟定型，实现与国家治理现代化相适应的税收治理现代化。在推进税收治理体系现代化的过程中，必须着力推进税收治理能力现代化，特别是要重点提升政治引领能力、谋划创新能力、科技驱动能力、制度执行能力、协同共治能力、风险防范能力六个方面的税收治理能力，不断把制度优势转化为治理效能。在实现路径和方式方法上，要坚持顶层设计与分层对接相统一，既在顶层及时总结税收治理经验，自上而下统一规范推进制度建设，又在系统上下分层抓好制度的执行落地，真正发挥制度效用。要坚持协同集成与重点突破相统一，既注重系统思维，推进税收制度的协同配套和系统集成，增强税收制度体系的系统性、整体性、协同性；又抓住税收重点领域和关键环节，解决影响高质量推进新时代税收现代化建设的深层次问题。要坚持改革创新与法治保障相统一，既通过改革强力破解税收领域深层次体制机制问题，以更好适应新变化新要求；又坚持运用法治思维和法治方式深化改革、推动发展、化解矛盾，使税收制度体系建设和各项税收工作、税收治理体系和治理能力现代化始终在法治轨道上向前推进。

积极发挥税收职能作用，更好服务党和国家发展大局。在新的征程上，税收在国家治理中的基础性、支柱性、保障性地位愈发凸显，税务部门职责作用发挥愈发重要。要着力依法规范组织税费收入。健全新型税收收入管理体系，坚决防止和制止收“过头税费”，促进税费收入量稳质优，为经济社会发展提供坚实财力保障。要着力发挥税收调控职能作用。持续优化税制结构，完善直接税制度并逐步提高其比重，推动健全地方税体系，进一步发挥税收调控经济、调节分配的重要作用。要着力优化税务执法方式健全完善税务监管体系。坚持规范执法与优化服务综合施策、强化监管能力与健全制度体系一体推进，规范税收执法行为，切实维护经济秩序，促进优化税收法治环境。要着力促进服务提质升级。贯彻落实《优化营商环境条例》，努力提高世界银行营商环境评价纳税指标排名，为经济高质量发展注入新动力。要着力助推国家重大发展战略。高效服务国家重大区域发展战略，助力打好三大攻坚战。深化国际税收合作，为推动全球税收治理体系建设提供更多的中国经验、中国方案、中国主张，彰显大国税务的国际影响力。要着力强化信息技术支撑。进一步推进金税工程建设，打造“智慧税务”，推动涉税数据生产管理应用，发挥税收大数据优势。要着力加强干部队伍建设。通过思想淬炼、政治历练、实践锻炼和专业训练，促进税务干部全方位提高能力水平，为推进国家治理体系和治理能力现代化贡献税务力量。

历史的画卷，总在砥砺前行中铺开；奋进的鼓点，已在展望未来中擂响。奋进新征程，在习近平新时代中国特色社会主义思想的科学指引下，税务部门必定能以攻坚克难的拼劲、逢山开路的闯劲、一以贯之的韧劲，高质量推进新时代税收现代化建设，谱写税收事业发展的新篇章，创造无愧于伟大时代的新辉煌，为决胜全面建成小康社会，夺取新时代中国特色社会主义伟大胜利，实现中华民族伟大复兴的中国梦作出新的更大贡献！

后记

在中华人民共和国成立70周年之际，组织编撰《新中国税收70年》，系统总结回顾新中国税收发展历程以及取得的辉煌成就，是为了更好地传承历史、启迪未来，为奋进新时代、砥砺新作为注入强大力量，不断开创高质量推进新时代税收现代化建设新局面。

在本书的编撰过程中，国家税务总局领导高度重视、给予具体指导，各司局、各省税务局为本书编撰工作提供了大量素材、给予了大力支持和帮助，中国税务出版社为本书的编辑出版付出了大量心血，在此一并表示感谢。

本书图表和图片除国家税务总局相关司局提供外，均来自国家税务总局网站和相关出版物，书中所涉相关数据截止时间为2019年9月底。由于时间仓促，难免有疏漏之处，敬请批评指正。

本书编写组